日本語教師・分野別マスターシリーズ

よくわかる
言語学

日本語教育能力検定試験対応

定延利之

アルク

よくわかる 言語学

Copyright ⓒ 1998 定延利之
Original Japanese edition published by ALC Press, Inc.
This Korean edition published by arrangement with ALC Press, Inc., Tokyo
through Tuttle-Mori Agency, Inc., Tokyo

이해하기 쉬운 언어학

초판 1쇄 인쇄일 · 2004년 6월 4일
초판 1쇄 발행일 · 2004년 6월14일
초판 2쇄 발행일 · 2007년 1월24일

지은이 · 定延利之
펴낸이 · 박영희
표지 · 조선경
펴낸곳 · 도서출판 어문학사
132-891 서울시 도봉구 쌍문동 525-13
전화 (02)998-0094   팩스 (02)998-2268
E-mail : am@amhbook.com
URL : 어문학사
출판등록 2004년 4월 6일 제7-276호
ISBN89-91222-08-0   13730

값 9,000원

● 잘못된 책은 바꿔드립니다.

머리말

◎이 책의 특성

 영어를 처음 공부하는 사람이 영한사전을 사용한다고 해서 영문을 금방 읽을 수는 없습니다. 영문을 이해하기 위해서는 영어단어의 의미뿐만이 아니라, 영어단어 각각의 배후에 있는 이미지나 생각하는 법을 조금이라도 이해해 둘 필요가 있습니다. 일본어 언어학의 문장도 마찬가지입니다. 지금 일본어교육능력검정시험의 문제나 입문서, 참고서의 문장을 읽는다고 했을 때, 어떤 내용인지 전혀 모르는 문장이 많이 나옵니다. 어렵게나마 그 책에 씌어진 언어학 용어 하나하나의 의미를 조사했어도 그 뒤에 감춰져있는, 생각하는 법을 알지 못한다면 아마 그 많은 문장의 의미를 파악하기란 쉽지 않을 것입니다.

 이런 점을 고려하여, 이 책에서는 보통 입문서보다 더욱 기본적인 내용을 넣었습니다. 구체적으로 말하자면, 모든 단어를 설명하는 대신에, 예를 들면 「기능」이나 「품사」등의 중요한 단어의 이미지나 생각 하는 법을 자세히 설명해 놓았습니다. 멀리 돌아가는 것 같지만, 검정시험이나 다른 입문서의 문장을 이해할 수 있게 된다는 점에서 이것은 대단히 중요합니다. 따라서 이 책에서는 다소 소홀한 분야도 있을 수 있습니다. 문학론이나 언어론, 사회 언어학에 관해서는 최소한의 필요한 것만 설명해 놓았습니다. 그것에 관해서는(이 책을 통하여 읽을 수 있게 된)다른 책에서 상세히 공부해 주십시오.

◎이 책의 구성과 사용법

 독자가 언어현상에 관하여 조금이라도 쉽게 상상 할 수 있도록, 이 책에서는 다른 입문서보다 구체적인 예문을 많이 넣었습니다. 특히 제1장에서는 독자 자신이 느끼거나 생각할 수 있는 현대 일본어의 현상을 많이 넣었습니다. 제2장에서는 「기호」「체계」「문법」「기능」을, 제3장에서는 「품사」「활용」등의 용어를, 그리고 제4장에서는 언어를 둘러싼 여러 가지 입장을 구체적인 현상을 통하여 설명해 놓았는데, 결과적으로 이 책은, 개별 문법과 별개의 언어학이 있는 것이 아니기 때문에 이 두 가지에 대한 설명이 오히려 독자에게는 더 도움이 되리라 생각합니다.

읽는 순서는 제1장부터 읽는 것이 좋다고 생각하지만, 만약 마음에 걸리는 단어가 있다면 그 단어가 나오는 장부터 읽으시는 것도 괜찮습니다. 그러한 경우에는 이 책의 마지막 부분에 있는 사전을 이용해서 그 단어가 나오는 장(章)을 찾으시기 바랍니다.

그러나 이 책의 임의의 장소에 나오는 문제(기본문제와 응용문제가 있습니다)와 그 해설의 부분은 특히 중요하므로, 건너 띄지 마시고 자세히 읽어 주십시오. 또한 응용문제 중에는 검정 시험의 문제를 참고로 한 것이나 입문서와 참고서의 문장을 그대로 뽑아 놓은 것이 있습니다. 이 책을 읽는 과정에서 차츰 차츰 그 문장을 알게 되어 감을 실감하실 것입니다.

이 책이 제가 목표하는 바대로 독자에게 정말로 유익한 것이 된다면, 그것은 대학이나 민간 기관에서의 언어학 수업을 통하여 저에게 여러가지를 깨닫게 해준 학생들 덕분입니다. 그들에게 감사드립니다. 물론 저도 얼마 전까지 그들처럼 학생 이었고, 제 경우는 매우 이해가 늦고 여러 가지 학설을 어느 정도 이해하기까지 상당한 시간이 걸렸습니다. 인내심으로 저를 지도해주신 선생님이나 선배들에게 다시 한번 감사드립니다.

또한, 이 책 중에서 소개하고 있는 현상이나 분석은 저 자신의 연구에서 발췌한 부분도 물론 많이 있지만 다른 분의 연구에서 발췌한 것도 있습니다. 입문서라는 점에서 그 분들의 성함은 기재하지 않았습니다. 양해 부탁드립니다.

1999년 10월 북경에서
定延利之(사다노부 도시유키)

はじめに

◎本書の特徴

　英語の初心者は、英和辞書を使ったところで、英語の文章を読みこなすことはなかなかできません。英語の文章を理解するには、英単語の意味だけでなく、それぞれの英単語の背後にあるイメージや考え方を多少なりとも理解しておく必要があります。言語学の文章も同じです。あなたが今、日本語教育能力検定試験の問題や、入門書や参考書などの文章を読んだとすると、何を言っているのかさっぱり分からない文章がたくさん出てきます。そして、あなたが苦心して、そこに出ている言語学の用語1つ1つの意味を調べたとしても、背後にある考え方が分かっていなければ、おそらく多くの文章はやはり分からないままでしょう。

　こうしたことを考慮して、この本には普通の入門書よりもさらに基本的な内容を盛り込むことにしました。具体的に言うと、すべての用語を説明しようとはしない代わりに、例えば「機能」や「品詞」といった特に重要な用語のイメージや考え方をじっくり説明するという具合です。まどろっこしいと思うかもしれませんが、あなたが検定試験やほかの入門書や参考書の文章を理解できるようになる上で、これはとても大事なことです。しかしそのために、この本では多少手薄になった分野もないわけではありません。とりわけ、文字論や語用論、社会言語学については必要最小限度のことしか触れていません。それらについては、（この本を通して読めるようになった）次の1冊で詳しく勉強していただきたいと思います。

◎本書の構成と使い方

　あなたが言語現象というものを少しでもイメージしやすくなるように、この本では、普通の入門書よりも具体例を多くしてあります。特に第1章では、あなたが自分で感じたり考えたりできる現代日本語の現象をたくさん取り上げています。第2章では「記号」「体系」「文法」「機能」、第3章では「品詞」「活用」といった用語、そして第4章では言語を取り巻くさまざまな立場が、具体的現象を通して説明されています。結果としてこの本は、同シリーズの『文法』の巻と一部重複することになるかもしれませんが、個別文法と切り離された言語学があるわけではありませんし、2通りの説明が読めることは、読者の

皆さんにとって、かえってよいことだと思っています。

　順序としては、やはり第1章から読み進んでもらうのがよいと思いますが、もしも気になる用語があればその用語が出ている章から読んでもらうことも無理ではないでしょう。巻末には索引がありますから、気になる用語が出ている章を探すのに利用してください。

　しかし、この本の随所に出てくる問題（基本問題と応用問題があります）と、その解説の部分だけは特に大事ですから、飛ばさずにしっかり読んでください。また、応用問題の中には、検定試験の問題文を参考にしたものや、入門書や参考書の文章をそのまま抜き出したものがあります。この本を読む過程で、それらの文章が分かるようになってくるのを実感してもらえればと思います。

　この本が私の狙い通り、あなたにとって本当に有益なものになっているとすれば、それは、大学や民間機関での言語学の授業を通じて、私にいろいろなことを気付かせてくれた学生たちのおかげです。彼らにお礼を申し上げたいと思います。もちろん、私も少し前には、彼らと同じような学生だったわけですが、私の場合はとても理解が遅く、いろいろな学説にある程度納得がいくまで、ずいぶん時間がかかったことを覚えています。辛抱強く指導してくださった私の先生方や先輩方にも改めてお礼を申し上げます。

　なお、この本の中で紹介している現象や分析は、私自身の研究から採ったものも、もちろんたくさんありますが、ほかの方の研究から採ったものもあります。入門書ということでお名前などはほとんど記載していません。何卒お許しください。

1999年10月
　　　　北京にて

　　　　　　　　　　　　　　　　　　　　　　　　　　　　　　　定延利之

目　次

はじめに———3
日本語教育能力検定試験とは———6
出題範囲———8
過去問題にみる出題の傾向———11

第1章　日本語の諸現象になじむ
第1節　アニマシー———14
第2節　遠近感覚———19
第3節　ヴォイス———23
第4節　エンパシー———47
第5節　ダイクシス———54
第6節　「行く」と「来る」———58
第7節　人称制限———63
要点整理———69

第2章　言語とは何か？
第1節　「言語とは何か？」
　　　　とは何か？———72
第2節　記号とは何か？———76
第3節　体系とは何か？———107
第4節　文法とは何か？———118
第5節　機能とは何か？———128
要点整理———138

第3章　品詞と活用
第1節　品詞はだれのものか？———140
第2節　品詞のサイズ———143
第3節　活用とは何か？———148
第4節　プロトタイプカテゴリとしての
　　　　品詞———154
要点整理———162

第4章　言語に関する素朴な疑問
第1節　動物と話をするにはどうしたら
　　　　いいのか？———164
第2節　人間の言語能力は脳とどのよう
　　　　に関わっているのか？———172
第3節　人間であれば何もしなくても勝
　　　　手にしゃべれるようになるの
　　　　か？———174
第4節　言語は最初どのようにしてでき
　　　　たのか？———175
第5節　言語はどれぐらいさかのぼれる
　　　　のか？———176
第6節　言語はなぜ変化するのか？
　　　　———187
要点整理———196

今後読むべき本———197
語彙索引———198

日本語教育能力検定試験とは

　社団法人日本語教育学会認定の日本語教育能力検定試験は、財団法人日本国際教育協会が実施する試験で、同協会のホームページ(http://www.aiej.or.jp/)に詳しい情報が掲載されている。これによれば、試験の目的、方法、内容等は、次のようになっている。ただし、以下は「平成15年度日本語教育能力検定試験実施要項」より抜粋したものであり、今後、試験の詳細については変更もあり得るので、毎回発売される受験案内で、必ず新しい情報を確認したほうがよい。

● **目的**

　日本語教員となるために学習している者、日本語教員として教育に携わっている者等を対象として、その知識および能力が日本語教育の専門家として必要とされる水準に達しているかどうかを検定することを目的とする。

● **試験の方法、内容等**

(1) **受験資格**

　　特に制限しない。

(2) **試験の水準と内容**

　　試験の水準　国内外で日本語教育の専門家として活躍していくために必要な基礎的・基本的知識・能力。

　　試験の内容　出題範囲は、別記のとおりとする。
　　　　　　　（ただし、全範囲にわたって出題されるとは限らない。）

(3) **試験の構成**

試験 I	90分	100点	原則として、出題範囲の区分ごとの設問により、基礎的知識・能力、分析的知識・能力を測定する。
試験 II	30分	40点	音声媒体により、言語学習の音声的特徴に関する知識、瞬間的知覚・判断能力を測定する。試験 I、試験IIIの内容を含む。
試験 III	120分	100点	原則として、出題範囲の区分横断的な設問により、日本語教員の現場対応能力、問題解決能力、総合的判断能力、思考能力を測定する。

試験日　　平成15年10月19日(日)
実施地　　北海道、東京都、大阪府、兵庫県、福岡県

出願の手続き等
出願手続き
1) 願　書　所定のもの
2) 受験料　10,000円（税別）
3) 受付期間　平成15年6月9日(月)から7月11日(金)まで
　　　　　　（7月11日の消印有効）
4) 出　願　財団法人日本国際教育協会事業部試験課に提出

受験案内（出願書類付き）の配布
　出願手続き等の細目については、平成15年6月までに「平成15年度日本語教育能力検定試験受験案内」で発表し、全国主要書店において販売の予定。

受験票の送付
願書を受理したものについて、平成15年9月26日(金)に発送の予定。

結果の通知等
合否の結果は、平成15年12月中旬に受験者全員に文書をもって通知するとともに、合格には合格証書を交付する。

「平成15年度日本語教育能力検定試験実施要項」より抜粋

■試験についての照会先
　財団法人　日本国際教育協会
　事業部試験課　日本語教育能力検定試験係
　　住所　〒153-8503　東京都目黒区駒場 4-5-29
　　電話　03-5454-5579（24時間テレフォンサービス）
　　ホームページ　http://www.aiej.or.jp/

日本語教育能力検定試験　出題範囲

次のとおりとする。ただし全範囲にわたって出題されるとは限らない。

区　分		主　要　項　目
1. 社会・文化・地域	1. 世界と日本	(1) 諸外国・地域と日本 (2) 日本の社会と文化
	2. 異文化接触	(1) 異文化適応・調整 (2) 人口の移動（移民・難民政策を含む。） (3) 児童生徒の文化間移動
	3. 日本語教育の歴史と現状	(1) 日本語教育史 (2) 日本語教育と国語教育 (3) 言語政策 (4) 日本の教育哲学 (5) 日本語及び日本語教育に関する試験 (6) 日本語教育事情：世界の各地域、日本の各地域
	4. 日本語教員の資質・能力	
2. 言語と社会	1. 言語と社会の関係	(1) 社会文化能力 (2) 言語接触・言語管理 (3) 言語政策 (4) 各国の教育制度・教育事情 (5) 社会言語学・言語社会学
	2. 言語使用と社会	(1) 言語変種 (2) 待遇・敬意表現 (3) 言語・非言語行動 (4) コミュニケーション学
	3. 異文化コミュニケーションと社会	(1) 言語・文化相対主義 (2) 二言語併用主義（バイリンガリズム）（政策） (3) 多文化・多言語主義 (4) アイデンティティ（自己確認、帰属意識）
3. 言語と心理	1. 言語理解の過程	(1) 予測・推測能力 (2) 談話理解 (3) 記憶・視点 (4) 心理言語学・認知言語学
	2. 言語習得・発達	(1) 習得過程（第一言語・第二言語） (2) 中間言語 (3) 二言語併用主義（バイリンガリズム） (4) ストラテジー（学習方略） (5) 学習者タイプ
	3. 異文化理解と心理	(1) 社会的技能・技術（スキル） (2) 異文化受容・適応 (3) 日本語教育・学習の情意的側面 (4) 日本語教育と障害者教育

区分		主要項目
4. 言語と教育	1. 言語教育法・実技（実習）	(1) 実践的知識・能力 (2) コースデザイン（教育課程編成）、カリキュラム編成 (3) 教授法 (4) 評価法 (5) 教育実技（実習） (6) 自己点検・授業分析能力 (7) 誤用分析 (8) 教材分析・開発 (9) 教室・言語環境の設定 (10) 目的・対象別日本語教育法
	2. 異文化間教育・コミュニケーション教育	(1) 異文化間教育・多文化教育 (2) 国際・比較教育 (3) 国際理解教育 (4) コミュニケーション教育 (5) 異文化受容訓練 (6) 言語間対照 (7) 学習者の権利
	3. 言語教育と情報	(1) データ処理 (2) メディア／情報技術活用能力（リテラシー） (3) 学習支援・促進者（ファシリテータ）の養成 (4) 教材開発・選択 (5) 知的所有権問題 (6) 教育工学
5. 言語一般	1. 言語の構造一般	(1) 言語の類型 (2) 世界の諸言語 (3) 一般言語学・日本語学・対照言語学 (4) 理論言語学・応用言語学
	2. 日本語の構造	(1) 日本語の構造 (2) 音声・音韻体系 (3) 形態・語彙体系 (4) 文法体系 (5) 意味体系 (6) 語用論的規範 (7) 文字と表記 (8) 日本語史
	3. コミュニケーション能力	(1) 受容・理解能力 (2) 言語運用能力 (3) 社会文化能力 (4) 対人関係能力 (5) 異文化調整能力

日本語教員養成において必要とされる教育内容

出典:「日本語教育のための教員養成について」(平成12年3月 文化庁 日本語教員の養成に関する調査研究協力者会議報告)

[1] 領域:コミュニケーションを核として、「社会・文化・地域」、「言語と社会」、「言語と心理」、「言語と教育」、「言語」に関わる領域、「教育に関わる領域」、[2] 区分:上記五つの領域の区分として、「社会・文化・地域」、「言語と社会」、「言語と心理」、「言語と教育」、「言語」について、社会・文化・地域的背景などの位置付けから、各々、下位の区分を設け、各々、日本語教員養成において3〜4区分を設定し、教育内容の位置付けを行う。なお、「言語」の5区分を設け、計16区分を設け、また、日本語教員養成において求められる「言語」の下位区分については、実践的な日本語教員養成について具体的に記述する際に、その内容をイメージしやすくするため、キーワードを設定している。なお、内容及びキーワードは、大学・日本語教員養成課程において開設される各科目等とのマッチングを行う際の目安としたものではない。[4]その他:想定される教育課程編成の例(省略)

領域	区分	内容	キーワード
社会・文化・地域	世界と日本	歴史/文化/文明/社会/教育/哲学/国際関係/日本文学…	世界歴史/日本歴史/文学/芸術/教育制度/政治/経済/貿易統計/共生社会/人口動態/労働政策/日本的経営/グローバルスタンダード/ジェンダー/社会習慣/時事問題
	異文化接触	国際協力/文化交流/留学生政策/移民/難民政策/外国人児童生徒/精神衛生・地域心理…	国際機関/技術移転/出入国管理/外国人就労/共生社会/難民条約/子どもの権利/条約/カウンセリング/少数民族/ODA/NGO・NPO
	日本語教育の歴史と現状	日本語教育史/言語政策/教員養成/各国試験/学習者の多様性/学習動機/世界各地域の日本語教育事情…	第二次世界大戦/国際共通語/日本語教員資格/日本語能力試験/留学生/就学生/中国帰国者/難民/技能実習生(研修生)/定住外国人/ビジネス日本語/ACTFL/TOEFL/TOEIC/英検
言語と社会	言語と社会の関係	ことばと文化/社会言語学/言語文化論/言語管理/言語政策/言語社会学・教育制度…	世界観/宗教意識/ジェンダー/個人主義/集団主義/ルールのルール/メタ言語/生活外国語/第二言語使用/ビジョングレーダイグロシア/言語習得/言語運用
	言語使用と社会	ことばと文化/世代と性/地域言語/特進/ポライトネス言語/非言語行動/コミュニケーション/ストラテジー/地域社会開放性…	活用論・ルール/ジェンダー/もらい会話/メタ会話/処理/推論/外国語/メタファー/翻訳/通訳/誤訳/断り/謝罪/依頼/感謝/約束/指摘/扶助調停…
	異文化コミュニケーションと社会	多文化主義/アイデンティティ/多文化共生/異文化ストレス・地域イデオロギー・言語接触…	呼称/メタファー/バイタリティ(ethnolinguistic vitality)/バイリンガル/エスニシティ/共生/equity/異文化交流/国際援助
言語と心理	言語理解の過程	言語理解/音声理解/予測/推測能力/記憶/視点/言語学習…	記憶/レビュー反応/会話記憶…
	言語習得・発達	幼児言語/習得過程(第一言語・第二言語)/学習ストラテジー/バイリンガリズム/年少期の日本語教育…	第一言語/第二言語/相互依存仮説/外的動機/演習的教育/会話法/言語転移/意味エラー/沈黙期…
	異文化理解と心理	異文化心理学/学習者の情意的側面…	異文化ショック/カルチャーショック/文化ダイナミクス/加速/減速/バイリンガリズム/同化/多言語/言語喪失/音声/情緒/パーソナリティ/ディスコース/内容的意味…
言語と教育	言語教育法・実習	実践的知識/実践例/多元文化教育/比較教育/国際理解教育/言語教育論・学習評価法/学習者類型・教授ニーズ分析…	救護研究(クラスルーム・リサーチ)/アクションリサーチ/エンパワーメント/加算/アイデンティティ/母語保持/母語教育/バイリンガリズム/減算的アイデンティティ/教育制度/教育クリティカル・インシデント/教育哲学・体験学習/ティーチャー・ディベロプメント/言語処理/判断停止/ネゴシエーション/バラフレーズ/(危機言語)…
	異文化間教育・コミュニケーション教育	教材分析/教材作成/教育工学/言語リテラシー/マルチメディア…	教材/教具/メディア/コンピュータ/モニター処理(管理)/多言語コーパス/言語資料/ファシリテート/CAI・CALL・CMI/衛星通信/著作権…
	言語教育と情報	教育思想/世界の言語/言語の表現/音素論の制度/慣用句の類型/形態…	語彙学/SVO/SOV/活用/非言語/表意文字/アクセント/文法文字・文章表現/語順/形態素/形態論/語形変化/類形/品詞分類/性差…
言語	日本語の構造	日本語の構造/音声体系/音韻体系/表記/語彙体系/文法/語用論/日本語史…	断り/拒否/北方説/文法/モダリティ/文体論語彙構造/連用/連体修飾/述語機能/発話行為/文法形式/音声論/位相/文字論・方言・文法・文芸表現…
	言語研究	理論言語学/応用言語学/社会言語学/心理言語学/歴史言語学・対照言語学…	調査/分析/リサーチ/コンピュータ/対人関係資料/データの方法/関西方言/日本語研究/学会…
コミュニケーション能力	コミュニケーション能力	運用・理解能力/表現能力/社会文化能力/談話構成能力/訓練能力/伝達能力・対人関係能力・社会文化能力/対人関係能力/調整能力…	4技能/音声処理/プラゴリフィスク/相互伝達/発話行為/問題行動/文法判断能力(エラー判定)/日本語能力/外国語能力

過去問題にみる出題の傾向

　この本は5巻から成るシリーズの1巻で、これら5巻で検定試験の出題範囲をカバーするよう作られています。この本では、「言語学概論」だけではなく、「社会言語学」「対照言語学」「語彙・意味」のごく基本的な部分を扱っています。出題範囲の表を見ると、「語彙・意味」は「言語学概論」「社会言語学」「対照言語学」と離れていますが、実際には重なっている部分があるので、一緒に扱うことにします。

　さて、過去の検定試験を見ると、昨年はあの問題の選択肢、今年はこの長文問題の本文という具合に、同じものが形を変えてよく問題に絡んでいることがあります。「言語学概論」ではソシュールの言語観やチョムスキーの理念、「社会言語学」では方言や位相、「対照言語学」では屈折・膠着・孤立や語順に関する言語差、「語彙・意味」では語種や語形成などを、特に勉強しておくとよいでしょう。

　そこで、この本では今挙げた項目についても説明していますが、実はそれよりも力を入れていることがあります。あなたがこれらの問題を解くには、そもそも問題文の意味が分からなければなりません。例えば、次の文章を見てください。これは、平成8年度の試験問題の問題文の一節です。

次のような形で表される文があるとする。
(a) /ebinoteNpuraotabeta/
　この文を、一定の意味を持つ最小単位で区切ると、/ebi//no//teNpura//o//tabe//ta/のような、一般に　　　　と呼ばれる単位に分けられる。これらは、さらに個々の形式を互いに区別する働きを持つ最小の音単位に分析できる。これら有限個の単位を組み合わせてもろもろの形式を作り、最終的には無限の文を作ることが可能になる。

[『平成8年度日本語教育能力検定試験　試験問題』(凡人社)より]

　「一定の意味」とは一体何でしょうか？　「意味を持つ最小単位」がさらに「最小の音単位」に分析できるとは、どういうことを言っているのでしょうか？　「個々の形式を互いに区別する」とは、どういう意味でしょうか？　検定試験問題を解く（つまり空欄になっているところが「形態素」だと分かる）にはまず、あなたがこういうことを分かっている（つまり文章が理解できてい

る）必要があります。

　検定試験の問題は解きたいけれども上の文章はさっぱり分からないというあなたに本当に必要なのは、「形態素とは意味を持つ最小単位であり、具体的には『エビ』や『の』などを指す」といった、「形態素」という重要用語に対する、通り一遍の説明なのでしょうか？　こういう説明を読めば、あなたは上のような文章がすぐ分かるようになり、問題がすらすら解けるようになるのでしょうか？

　むしろ、「上の文章は、もっと普通の言い方にすれば、要はこれこれこういうことを言っているのだ。『個々の形式を互いに区別する』とは、具体的にはこれこれこういうことだ」といった説明の方が、今のあなたには必要なのではないでしょうか？

　以上の考えに基づき、この本では特に言語記号や文法、機能、そしてさまざまな言語学の立場を中心に説明しています。検定試験の規定時間の短さを考えると、あなたが問題文や選択肢の解釈に悩む時間はないでしょう。この本はあなたが言語学の考え方に慣れ、検定試験の問題文などを素早く理解するのに役立つはずです。

第1章
日本語の諸現象になじむ

```
        この章の目標
I. 日ごろ何気なく使っている日本語を見直せるようにな
   る。
II. 言語現象というものを具体的にイメージできるように
   なる。
III.「アニマシー」「ヴォイス」「エンパシー」「ダイクシス」
   などの基本用語をはっきり理解できるようになる。
```

　言語とは何か？——こういう難しい問題は後回しにして、まず具体的な問題を考えてみましょう。

第1節 アニマシー

まず問題を解きながら、**アニマシー**について考えてみましょう。

基本問題

問題1 自然な文にするには、どちらを選んだらいいですか。
（1） この林にはセミが2,000匹ぐらい［いる／ある］。
（2） 庭にセミの抜け殻が［いました／ありました］。
（3） 情報教室にはコンピューターが30台［いる／ある］。

解説 いかがですか？ (1)は「いる」、(2)は「ありました」、(3)は「ある」ですね。現代日本語には、モノの存在を表す方法が2つあるわけです。1つは「いる」や「います」「いた」「いました」のような、「いる」関係の語を使う方法です。もう1つは「ある」「あります」「あった」「ありました」のような、「ある」関係の語を使う方法です。では、私たちはこれら2つの方法を、どのように使い分けているのでしょうか？
　(1)(2)(3)を見ていると、生き物は「いる」関係で、生き物でないものは「ある」関係という気がしてきます。セミは生き物だし、セミの抜け殻やコンピューターは生き物ではないですから。しかし、次はどうでしょうか？

問題2 自然な文にするには、どちらを選んだらいいですか。
（1） うちには木が2本［います／あります］。
（2） 怪しい気配に振り返ると、人を襲うおばけの木が、いつのまにか、そこに［いました／ありました］。
（3） 食品工場には、寿司を握るロボットが［いました／ありました］。
（4） あっ！ 私の「たまごっち」、あんなところに［いた／あった］！

解説　(1)は「あります」、つまり「ある」関係ですね。そうすると、動物は「いる」関係で、植物は「ある」関係ということなんでしょうか？

(2)は物語の中の文です。いろいろな人に聞いてみると、「いました」の人も「ありました」の人もけっこういます。両方ＯＫの人もいます。「いました」の人は、根っこのところが足のようになっていて、地面から抜けて走れるような木をイメージしているようです。「ありました」の人は、幹のところに顔がついていて怖いんだけれども、根っこは普通の根っこで地面から抜けてこないような木をイメージしているようです。動物とか植物とかいうよりも、要はイメージ次第というところでしょうか。

(3)は「ありました」派が多いようです。確かに、食品工場で現実に使われている寿司握りロボットは、手の部分だけだそうですから、「ありました」という気がしますね。でも、このロボットが、寿司工場を見学に来た人たちを楽しませるために作られたもので、人間の形をしていて、ハッピを着ていて、ねじり鉢巻きをしていて、「へいらっしゃい!!」なんて声を出して、見学者の注文に応じてネタを握るとしたら、どうでしょうか？　こういう状況を考えると、「いました」派が多くなります。これもイメージ次第と言えるでしょう。もっとも、この状況でもまだ「ありました」の人も少しいます。そういう人の話では、このロボットのスイッチは切れているのだそうです。

(4)は以前はやった「たまごっち」ですが、大多数の人は「あった」のようです。でも、「たまごっち」を今でも愛情もって育てている人（1人いました）は、絶対「いた」だという反応でした。

　「たまごっち」を育てたことがないし、あまり知らないという人でも、イメージ次第では「いた」になることがあります。それは、「たまごっち」がタマゴ型ケースごとソファーの間に挟まっているといった状況ではなくて、画面の中の「たまごっち」が、画面の中の木や建物などに隠れていたのが出てきた場合です。ケースまるごとの「たまごっち」はただのゲーム機ですが、画面に映し出される「たまごっち」は割と生き物っぽい気がしますね。

問題3　自然な文にするには、どちらを選んだらいいですか。

（1）　警戒態勢を解かないでください。波止場には、怪しい車がまだ1台［います／あります］。

（2）　希望者が［いれば／あれば］班ごとにまとめて本部へ連絡してください。

解説 (1)は「います」の人が多いようです。オープンカーではなくて、車内が見えないような暗いガラスの車だと、特に「います」が自然なんだそうです。車というのはもちろん生きていませんが、中に人間が乗るものだし、前面は人間の顔に似ていないこともないし、中が見えなくて怪しいと、割と生き物らしく感じられそうです。

(2)は、希望者というのは生きている人間ですが、これは「あれば」がOKの人が多いです。もっとも、いつでもOKというわけではありません。一郎君に二郎君、よし子ちゃんというふうに、顔なじみを一人一人具体的に思い浮かべる状況だと、「あれば」は変になりやすいようです。具体的な人間を思い浮かべるのではなくて、本部に送る書類の「希望者」の欄だけを思い浮かべる状況だと、「あれば」になりやすいようです。

これまでの問題は、アニマシー(有生性)の問題でした。一言で言えば、アニマシーとは、生きている程度、ということです。大事なことは、アニマシーは物理的なものではなくて、心理的なものだということです。というのは、言葉をしゃべるのは私たち人間だからです。私たちの感じ方が言葉に影響して当然なのです。サルもナマコも生きていることに変わりはありませんが、私たちの感じ方でいうと、やはり人間に近いサルの方がアニマシーは高くなります。アニマシーはさまざまな言語のさまざまなところに影響します。これまでに見たような、日本語の存在表現もその1つです。アニマシーが高い(つまり生きている感じがすごくする)モノの存在は、「いる」関係で表します。アニマシーが低い(あまり生きている感じがしない)モノの存在は、「ある」関係で表します。イメージ次第で、アニマシーの高さはいろいろ変わります。

基本問題

問題4 現実世界で実際に起きたことには〇、起きていないことには×を付けなさい。

(1) 毛虫が裁判で訴えられる。
(2) 殺人現場となった森に対して、裁判で「死刑」が宣告される。

(3) 鐘が市中引き回しの上、流罪にされ、幽閉される。
(4) 湾が裁判を起こす。
(5) チンパンジーが手話で人間と話をする。
(6) コンピューター画面上で人工アイドルがデビューする。
(7) 企業を侮辱したら侮辱罪になる。
(8) 人間がコンピューターに気配りをみせる。
(9) 胎児が損害賠償を請求する。
(10) ペットの犬に名前を付けない。呼ぶ時は「犬！」と呼ぶ。

いきなり常識クイズで恐縮です。いくつぐらい○が付いたでしょうか。正解は、全部○です。(1)(2)は中世ヨーロッパの出来事です。「人間に悪さをする毛虫め、宗教裁判にかけて、破門にしてやるぞ。ざまあみろ」「殺人事件の犯人が分からん。だいたいこんなところに森があるから殺人事件が起きるのだ。被害者を死に追いやったのは森だとも言える。森は死刑(木を丸刈り)」といった感覚でしょうか？　現代日本に暮らす私たちの感じ方とは違いますが、中世ヨーロッパでは、毛虫や森は裁判や刑罰を受けるだけの法的なアニマシーを持っていたと言うこともできるでしょう。

　(3)も中世ヨーロッパです。クーデターが失敗した時、クーデターを企てた一味だけでなく、一味が合図に使っていた鐘までが罰せられています。つまり鐘の法的アニマシーはそれだけ高かったということです。現代日本の私たちからすると、全く理解できない感覚という気もしますが、そうでもないでしょう。私たちだって、「鐘が時を告げる」などと言うからです。

　「告げる」という単語は、「オスカルがアンドレに秘密を告げた」のように、人間が行う動作を表すはずです。ところが鐘は人間並みにこの動作を行えるのです。「腕時計が時を告げる」とは普通言いませんよね。鐘はその辺の時計とは違って、ちょっと神秘的で、何かいろいろなことを知っていそうで、アニマシーが高いわけです。

　(4)は環境訴訟の一例で、最近の日本でも起き始めていると聞きます。もちろん湾が自分で裁判所に行けるわけはありませんから、人間が湾の代理人という形で訴訟を起こします。つまり、環境訴訟を起こすだけの資格を持っているものとして、人間が湾を意識し始めている、法律の世界では湾のアニマシーはそれだけ高くなりつつあるということです。

　(5)はこの本の第4章でも話しますので、楽しみにしておいてください。関連する話ですが、ゴリラの研究者の中には、研究対象にしているゴリラを「1頭、2頭」などと数えずに、「1人、2人」と数える人もいます。その研究者にとっては、ゴリラはそれだけアニマシーが高いわけです。

　(6)はバーチャル・アイドルというもので、問題2の「たまごっち」と同

じように、画面上にしか存在しません。伊達杏子というアイドルがホリプロからデビューして、踊ったり歌ったりしています。つまり伊達杏子は、私たちがあこがれたり親しんだりする対象になれるだけのアニマシーを持っていると、少なくともホリプロでは考えているわけです。電子社会との関わりが深まるにつれ、彼ら（？）のアニマシーはじりじり上がっていくのかもしれません。

(7)も現代日本に当てはまる話です。「法人」という言葉を聞いたことはないでしょうか？　企業は人間ではないけれども、法律上、人間に近い地位を与えるという考えは、多くの国で採用されています。もちろん企業が人間と同じように侮辱を感じるわけはありませんが、法律の世界では、人間が企業をそれだけ人間に近いものとして扱うということです。

(8)は最近分かってきたことです。「このコンピューターは仕事に全然役に立たなかった」などという、コンピューターに対する悪口を、人は（少なくともコンピューター熟練者は）コンピューターの面前（？）で言うのに抵抗を感じるそうです。むしろ別室でこっそり言う方が落ち着くのだそうです。これは人間がコンピューターを、それだけ人間に近い、アニマシーの高いものとして感じ始めたということでしょう。

(9)も(7)と同様、現代日本の法律に当てはまります。現代日本では胎児はまだ生まれていないので人ではありませんが、幾つかの重要なことについては、人と同じことができます。例えばAさんを殺した犯人に対しては、Aさんの奥さんだけでなく、奥さんのお腹の中にいる胎児も、人と同じように損害賠償を請求できます。もちろん、胎児が請求手続きを取れるわけはありません。私たちが胎児を請求権のあるものとして見なし、代理人を立てるのです。

(10)は、少し前の中国ではこうだった（少なくともこういう人がいた）といいます。犬といえば伝統的に食べるものであって、愛玩するもの（つまりペット）ではなかったそうです。愛情を注ぎ、高いアニマシーを認める上で有効なのが名付けです。例えば筆箱でも「ふでば子」なんて呼んでいるとけっこう愛着がわきそうです。

以前は「花に水をやる」だったのが、今では「お花に水をあげる」という人が多いそうです。これも言葉の乱れというよりも、花というものの位置付けが変わっているように思えますが、あなたはどう思いますか？

アニマシーは心理的なものであるだけに、言語以外にも、法律や電子社会、ペットなど、人間のさまざまな分野に関わってきます。そして、アニマシーの高低は、時代や文化の影響を受けます。

第2節 遠近感覚

　アニマシーが分かったところで、遠近感覚という用語を使って、現代日本語の文の意味について考えてみましょう。遠近感覚という用語は、私が皆さんに**ヴォイス・エンパシー・ダイクシス**などを説明するために勝手に持ち出してきたものですから、ほかの教科書には載っていませんし、覚えても役に立たないと思います。ヴォイスやエンパシーやダイクシスが理解できたら忘れてもらってけっこうです。でも、これらをしっかり理解するまでは、心に留めておいてください。

【心理的な遠近感覚と物理的な遠近感覚】
　人間の遠近感覚に、心理的なものと物理的なものの2種類があるということは、すんなり分かってもらえると思います。心理的な遠近感覚というのは人間が心で感じる遠近の感覚で、ある人に対して親近感を感じるとか、逆に疎ましく感じるとかいった親疎の感覚は、心理的な遠近感覚の代表例です。これに対して物理的な遠近感覚とは、極端なことを言えば、巻き尺を持ってきて何メートル何センチという場合の感覚です。前に言いましたように、人間の言葉は人間の心理の影響を受けているわけで、ここで「物理的な遠近感覚」と呼ぶものも本当は「『物理的な遠近感覚』と感じる心理的な感覚」なんですが、今は細かい話はやめて、「物理的な遠近感覚」という言い方で通すことにします。

【苦しゅうない、近う寄れ】
　心理的遠近と物理的遠近は別物ですが、お互いに影響し合います。そして、人間はこれら2つの遠近をうまく対応させようとします。つまり、心理的に遠いものは物理的にも自分から遠く、心理的に近いものは物理的にも自分と近いというのが、人間にとって一番気持ちいい状態のようです。
　例えば、時代劇で殿様が若い腰元に「苦しゅうない、近う寄れ」などと言うことがありますが、この時、殿様は腰元に好感を持っていて、腰元を心理

的に近く感じているので、物理的にも近接したいと言っているのです。
　逆に、子供がけんか相手に「あっち行け！」なんていうのは、別にあっちに落とし穴が仕掛けてあるわけではなくて、相手のことを疎ましく、心理的に遠く感じているので、物理的にも距離を置きたいのではないでしょうか。
　「去る者は日々に疎し」ということわざがありますが、このことわざの意味は、昔はどんなに打ち解けていた人でも、自分のところから去ってしまって物理的に遠くなれば、いつしか心理的にも遠くなりがちだということです。
　近所の人とはいつのまにか心が通い合って、いざという時、遠方の親戚よりも頼りになるというのが「遠くの親類より近くの他人」です。
　このように、心理的遠近と物理的遠近を何とか対応させようとするのは、人間ばかりではありません。さまざまな動物にも、似たような現象を見ることができます。ここでは特に**個体空間**について述べておきます。

【シカの大量死】
　アメリカのジェームズ島でシカが大量死したことがありました。食べ物は豊富にあるにもかかわらず、です。シカはなぜ死んだのでしょう？　死んだシカの脳を調べてみると、副腎が異常に肥大していました。副腎はストレスを受けると肥大する器官です。つまりシカは、ものすごいストレスが原因で死んだのです。では、ストレスの原因は何だったのでしょうか？　それはシカが増えすぎたことでした。オリに入れられたネズミは、エサを豊富に与えられていても、猛烈に仲間のネズミを攻撃することがあります。これもシカと同じことで、オリの中のネズミは、個体数が増えすぎたために、ストレスを受けているのです。
　満員電車のすし詰め状態が24時間毎日続けば、だれだって相当なストレスを感じると思います。他人とは、何十センチかでも、普通は離れていたいですよね（ラブラブな恋人同士は別として！）。　だれだって、「他人がこれ以上自分の近くに来ると気持ち悪い。この中には入ってきてほしくない」という空間があると思います。この空間は、自分を中心として広がっていて、自分が動けば一緒に動く、見えない泡のようなものです。これを個体空間と呼びます。人間も動物も、個体空間を持っていて、自分の個体空間の外に出ることは一生ありません。
　ジェームズ島にいた一頭一頭のシカたちは、数が増えすぎたために、この

個体空間が保てなくなったのです。彼らは、自分と他人（他鹿？）の間に当然存在する心理的隔たりというものを物理的空間に十分反映できず、ストレス過多に陥ってしまったのです。オリに入れられたネズミも同じことです。

【群れない日本人】

人間の場合、個体空間は文化によって微妙に違います。バーンランドという人によると、日本人の方がアメリカ人よりも個体空間が広い、もっと一般化して言ってしまうと、日本人の方が他人とは遠く離れていたがるのだそうです。日本人とアメリカ人が立ち話をしていると、アメリカ人が日本人の個体空間に踏み込んでくるので日本人は一歩後ろに下がる、アメリカ人は距離が遠すぎると思って一歩近づき、日本人はまた個体空間を侵されて一歩引く、しまいに壁際まで追い詰められるという話があります。

日本人は一般に、アイデンティティーというものが確立できていなくて集団志向的というイメージで語られることが多いようですが、いつも他人と寄り添ってベタベタ生きているのかどうかは、判断が難しい部分もあるでしょう。

日本では主な食器はすべて個人持ちで、例えばお母さんのはしを息子が使うことはないとか、日本の伝統的なスポーツは剣道にしろ相撲にしろ柔道にしろ、一対一のものが多かったわけで、そこへ野球やらサッカーやらの団体競技が西洋から入ってきたとか、日本で伝統的に評価されてきたのは「わび」「さび」など、一人でひっそり到達する境地だとか……。よく考えてみる必要がありそうです。

【動的な遠近感覚と静的な遠近感覚】

これまでに心理的な遠近感覚と物理的な遠近感覚について説明しましたが、遠近感覚は別の見方から2つに分けることもできます。それが動的な遠近感覚と、静的な遠近感覚です。動的というのは、その場面や状況に応じて素早く変わるということです。静的というのは、場面や状況にかかわりなく安定していて、極端なことを言えば一生変わらないということです。

結局のところ遠近感覚は、「心理的かそれとも物理的か」「動的かそれとも静的か」という2つの基準から、2×2で4つのタイプに分けることができます。そして、それぞれのタイプごとに、関わってくる言語現象が違ってき

ます。それで、その現象を考えるための用語も違ってくるわけです。表1を見てください。これは、4つのタイプの遠近感覚と、言語現象や用語との対応を、大まかに示したものです。

表1

	心理的な遠近感覚	物理的な遠近感覚
動的な遠近感覚	ヴォイス（態）	指示詞の直示用法
静的な遠近感覚	エンパシー（共感度）	「行く」と「来る」（一部）

　心理的で動的な遠近感覚は、**ヴォイス**というものに関わってきます。ヴォイスのことを**態**ということもあります。

　心理的で静的な遠近感覚は、**エンパシー**というものに関わってきます。エンパシーは**共感度**と訳されることもありますが、私たちが何かに共感する度合い（日常用語での「共感度」）とは、ちょっと違います。例えば、テレビを見ていて、さっきの街頭インタビューに出てきたおばさんの意見にすごく共感したとかあまり共感しなかったとかいうのは、ここでのエンパシーとは別物です。

　物理的で動的な遠近感覚は指示詞の直示用法に関わります。

　物理的で静的な遠近感覚は、「行く」と「来る」の使い分けに一部関わってきます。

　これら4つのタイプは、「**視点**」や「**共感度**」その他の用語で、一緒に論じられることがあります。確かに用語の定義次第では、それも間違いではないでしょうが、混乱してしまうと思いますので、ここでは「心理的か物理的か」「動的か静的か」という2つの基準を持ち込んで、タイプの違いを強調しています。そして、それら2つの基準のことをよく理解してもらうために、仮に「遠近感覚」という用語を持ち出しているわけです。

　では、4つのタイプを順に見てみましょう。

第3節　ヴォイス

ヴォイスは英語で"voice"と書きますが、声のことではありません。まず、図1を見てください。図1は、心理学者ルービンの名前をとって「**ルービンの杯**（さかずき）」といわれるもの（模写）です。「杯」といわれると、確かに、真ん中の②の部分にグラスが描かれていて、両側の①③の部分は背景に思えるでしょう。でもこの図は、別の見方をすることもできます。つまり、向き合っている2人の人間の横顔が①③の部分で描かれていて、②の部分は実は背景にすぎないと見ることもできます。客観的には1つの図ですが、話し手が図のどの部分を背景と見て、どの部分を大事な中心ととらえるのかによって、図の意味が変わってくるわけです。

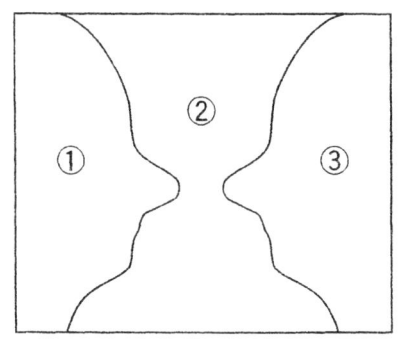

図1

デキゴトについても、やはり中心部分と背景部分の見方がいろいろできます。例えば、『トムとジェリー』というアニメの1つの場面を見ていて、「ジェリーがトムをやっつけた」ということもできますし、「トムがジェリーにやっつけられた」ということもできます。

「ジェリーがトムをやっつけた」という文は、中心部分をジェリーととらえて、ジェリーを主役に持ってきます。ジェリーがどうしたか、どうなったかというとトムをやっつけたよ、という文で、トムは準主役ですが、ジェリーに比べれば脇役、**背景**です。

反対に、「トムがジェリーにやっつけられた」という文では、主役はトムです。トムがどうしたか、どうなったかというと、ジェリーにやっつけられたよ、という文で、ここではジェリーが背景になります。

主役のことを一般に**前景**といいます。「前景－背景」のように、脇役の背景とペアにして使います。前景のことを**図**（ず）と呼ぶこともありますし、背景のことを**地**（ち）と呼ぶこともあります。ちょっとややこしいですが、こ

の「図」は、先の「図1」などという場合の「図」とは関係ありません。

　現代日本語の場合、前景つまり図は、助詞「が」で表されると決まっています。背景つまり地は、助詞「が」では表されません。「ジェリーがトムをやっつけた」という文では、「が」の付いているジェリーが前景で、「が」の付いていないトムは相対的に背景です。「トムがジェリーにやっつけられた」という文では、「が」の付いているトムが前景で、「が」の付いていないジェリーは背景です。(「今あのタレントがすごく人気があるのを、君知らないの？」のように「が」が複数出てくる文のことは、ここでは考える必要はありません。)

　話し手がデキゴトのどの部分を前景ととらえ、どの部分を背景ととらえるかによって、日本語の表現は、「ジェリーがトムをやっつけた」「トムがジェリーにやっつけられた」のように、「が」の付くところや、語尾(「やっつけた」「やっつけられた」)などが変わってきます。こういう具合に、デキゴトの前景－背景に応じて言語表現が変わるパターンのことをヴォイス（態）といいます。代表的なヴォイスとしては、**能動ヴォイス（能動態）・受動ヴォイス（受動態）・使役ヴォイス（使役態）**があります。まず能動ヴォイスと受動ヴォイスを説明します。受動のことを「**受け身**」と呼ぶこともありますが、ここでは「受動」で通すことにします。

基本問題

問題1　自然な文かどうか考えなさい。
（1）a．ジェリーがトムを殴った。
　　　b．トムがジェリーに殴られた。
（2）a．田中さんがこの問題を真剣に考えた。
　　　b．この問題が田中さんに真剣に考えられた。
（3）a．敵軍があのダムを破壊した。
　　　b．あのダムが敵軍に破壊された。
（4）a．みんながあの本を読んでいるとは知らなかった。
　　　b．あの本がみんなに読まれているとは知らなかった。

(5) a. あんな偉い人もこの本を読んでいるとは知らなかった。
　　b. この本があんな偉い人にも読まれているとは知らなかった。
(6) a. 敵軍があのダムを建設した。
　　b. あのダムが敵軍に建設された。

解説　(1)はどうでしょう？　aの文もbの文も自然で、特におかしなところはありませんよね。

　(2)はaとbを比べると、bの方が不自然ですね。もちろんaもbも、読めば意味は分かりますが、bはaほどよく使われませんよね。なぜでしょう？

　それはアニマシーが違うからです。「田中さん」というのは人ですからアニマシーが高いですが、「この問題」というのはただの問題で、生きているどころか、死んですらいません。生き死にと関係ないものですから、アニマシーは低いです。アニマシーが高いものと低いもの、どちらが話し手の注意を引くかというと、やっぱり話し手は、アニマシーの高い、生き生きしているものに注意するわけです。aの文は、話し手が問題を背景にして、アニマシーの高い田中さんを前景にしていますが、bの文は逆に、アニマシーの高い田中さんを差し置いて、アニマシーの低い問題というものを前景にしています。こういう注意の仕方は、ちょっと変なわけです。(1)のトムとジェリーの場合は、両方とも動物（トムはネコでジェリーはネズミ）というか、まあアニメの世界ですからほとんど人間並みの高いアニマシーを持っていますから、どちらに注意してもよかったけれども、(2)はそうはいかないということです。

　(3)はaもbもいいですね。今の話からすると、敵軍は敵とはいえ一応生きているのでアニマシーは高いけれどもダムはアニマシーが低い、だから敵軍を差し置いてダムに注意しているbは不自然、となるはずです。それなのに、どうしてbは自然なんでしょう？

　それは、ダムが破壊によって大きな影響を受けるからです。人間の注意は、アニマシーだけでは決まりません。影響性というのも、アニマシーと並ぶ大きな基準なんです。アニマシーが低いものでも、そのデキゴトによって大きな影響を受けるなら、人間はそのものに注意しやすくなります。

　破壊というデキゴトによって、ダムは決定的な影響を受けますが、敵軍は（悪の実績が1つ増えるぐらいで）さほど影響を受けません。(3)は、アニマシーと影響性という2つの基準が競合している（つまり競り合っている）わけで、アニマシーが影響性を抑えれば敵軍が前景になりaの文ができます。逆に影響性がアニマシーを抑えればダムが前景になり、bの文ができます。では(4)や(5)はどうでしょうか？

(4)にしろ(5)にしろ、ａｂはともに自然ですね。人間が本を読んでも、本はそのことで大した影響を受けるとは思えないのに、どうして(4)や(5)のｂは自然なのでしょうか？

それは、「みんなに読まれている」や「あんな偉い人にも読まれている」などが、ベストセラーだとか、知識層にも支持されているとかいった、本の本質に直結しているからです。つまり一人一人の一般人が本を読んでも、本は大して影響を受けないけれど、大勢に読まれたり有名人に読まれたりすると、そのことで本の根本的性質が影響されると考えられるのです。

(6)は少し微妙で、ａもｂも違わないという人もいますが、ａとｂで自然さに違いがあると感じる人は、ａの方が自然で、ｂはａと比べれば少し不自然と感じます。ｂの方がａより自然と感じる人はいません。（いませんよね？）　なぜでしょう？　(6)は(3)とほとんど同じなのに、どうしてこんなことになるのでしょう？

それは建設というデキゴトが、破壊と違って、あまりダムに影響を及ぼさないからです。確かに、鉄骨とかコンクリートとかいったダムの資材には、地面に打ち込んだり流し込んで固めたりといった大きな影響を及ぼしますが、その結果最終的に出来上がるのがダムなわけで、ダム自体にはあまり影響がないとも考えられるわけです。「建設する」のような動詞を、ものを作る動作を表すという意味で、「**作成動詞**」ということがあります。

応用問題

問題1　今の基本問題の(1)～(6)は、すべて、ａの文よりもｂの文の方が長くなっています。なぜですか？

解説　ａよりもｂの方が長くなるように私が問題文を並べたから？　全くその通りなのですが、もう少し踏み込んで考えてみるために、**認知言語学**の「**ビリヤードボールモデル**」という考えを単純化して採り入れてみましょう。つまり、「デキゴトとは力のやりとりである」と考えて、それをビリヤードで使われるボール同士の衝突で描いてみましょう。図2を見てください。

図2

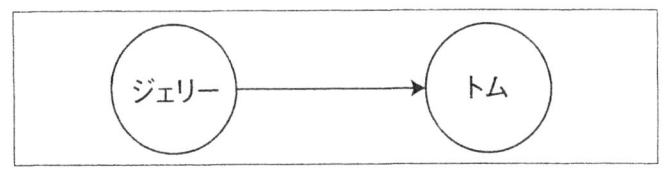

　図2は、ジェリーがトムを殴るという1つのデキゴトを表しています。本当は（というか本当のアニメの世界では）ジェリーはネズミでトムはネコですが、ここではジェリーもトムもビリヤードのボールとして描かれています。
　ジェリーがトムを殴れば、トムは倒れるかもしれません。それはジェリーのせいです。ジェリーが何もしなければ、トムは倒れたりしないのですが、ジェリーがトムに（腕をトムの身体と激しく接触させるというやり方で）力を与えたために、トムは倒れる可能性が出てきました。このように、ジェリーがトムを殴るというデキゴトは、ジェリーがトムに力を与えるという形でとらえられます。力の与え手はジェリーで、受け手はトムです。図2ではこれが、ジェリーボールが転がっていって、トムボールにぶつかるという形で描かれています。
　ジェリーに力を与えられたトムは、倒れる、つまり直立状態から横になった状態へ状態変化するかもしれません。このトムの状態変化も、ビリヤードボールモデルで表すことができます。それが図3です。

図3

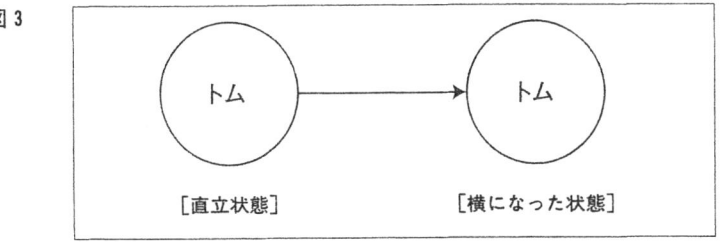

　つまり、ジェリーボールにぶつかられたトムボールは、適当なところまで一人で転がっていって止まります。ジェリーボールから受けた力を、ビリヤード台との摩擦で消費しながら転がり続け、力を使い切ったところで止まると言うこともできます。例えばそれまでビリヤード台上で左隅にあったトムボールが転がっていって、右隅で止まったとすると、トムボールはビリヤード台上での位置が左隅から右隅に変わったことになります。倒れるというトムの状態変化は、こうしたトムボールの位置状態の変化として描くことができます。図3では、トムボールが2つ描かれていますが、

これは、トムボールがトムボール自身に力を与えるというような難しいことを考えてもらう必要はありません。左側のトムボールは、ジェリーボールにぶつかられ、移動を始める瞬間のトムボールを描いたものです。このトムボールは、ビリヤード台上、左隅（直立状態）という状態にあります。このトムボールが一人で転がっていって止まったところを描いたのが右側のボールです。このトムボールはビリヤード台上、右隅（寝た状態）にあります。

　もっとも、ジェリーがトムを殴っても、トムが必ず倒れるという保証はありません。ですから、ジェリーがトムを殴るというデキゴトは、やはり図2のように描くべきでしょう。ここでわざわざ図3を持ち出してきたのは、「2つのモノ（ジェリーとトム）の間での力のやりとりだけでなく、1つのモノ（トム）の状態変化も、ビリヤードボールモデルで描ける」ということを示したかったからです。

　「ほかのボールにぶつからずに一人で転がっていって、適当なところで止まる」というボールの動作を、「**他動性**の低い動作」と呼ぶことがあります。他動性というのは、力の向かう先を表した用語で、力がほかのモノに向かう程度のことです。殴るという動作は、ほかのボールにぶつかっていく動作なので、動詞「殴る」の他動性は高いです。倒れるという動作は、ほかのボールにぶつからず、一人で転がって止まる動作なので、動詞「倒れる」の他動性は低いです。他動性の高い動詞を「**他動詞**」、他動性の低い動詞を「**自動詞**」と呼びます。自動詞と他動詞を合わせて、「**動詞の自他**」ということもあります。

　自他は、話し手の注意に関する用語ではなく、力の方向に関わる用語ですが、能動態・受動態・使役態と同じように、ヴォイスの一種とされることがありますので、注意しておいてください。

　ここでいよいよ、能動態と受動態を説明しましょう。能動態とは、話し手が力の与え手に注目してこれを前景にするというヴォイスのことです。受動態というのは、話し手が力の受け手に注目してこれを前景にするというヴォイスのことです。基本問題の問題文(1)〜(6)はいずれも、ａが能動態の文で、ｂは受動態の文です。確認しておいてください。

　そうすると、問題1は、「同じデキゴトを表す能動態の文と、受動態の文とで、受動態の文の方が長いのはなぜか？」ということになります。もう少し正確な言い方をすると、「同じデキゴトを表す能動態の文と受動態の文で、長さに違いがある場合、長いのは受動態の文で、短いのは能動態の文である。なぜか？」ということになります。なぜなのでしょう？

　それは、受動態が特殊なヴォイスだからです。特殊だ、変わっている、普通じゃないということを「**有標**（ゆうひょう）」といいます。例えば荷物に張りつける「割れ物注意」というラベルのように、変なものには「皆さん、これは特殊ですよ。普通じゃありませんよ」という標識を付ける必要があります。逆

に、普通であればわざわざ標識を付ける必要がないので「無標(むひょう)」といいます。能動態は無標ですが、受動態は有標なのです。

　考えてもみてください。力を出す者と受ける者がいた場合、だれだって普通、力を出す者の方に注意して、それを前景にするでしょう？　それが能動態です。わざわざ力の受け手に注目するというのは、時代劇の切られ役のファンになったり、「受けの美学」などといって、弱いプロレスラーを褒めたたえるようなもので（私の周りにはなぜかこういう屈折した人が多いのですが）、ちょっと変わっていますよね。受動態は有標なので、受動態には標識が付きます。現代日本語では、「られ」（もう少し正確には"(r) are"）という標識が付きます。だから「られ」の分だけ、能動文よりも長くなるのです。英語でも、受動文にはbe動詞とか"ed"とか"by"とかが付いて、能動文より長くなりますよね。これも同じことで、受動態は有標なので、標識の分だけ長くなるわけです。

【生産的受動表現と語彙的受動表現】

　「一郎が先生に英語を教えられる」と少し似た意味で「一郎が先生に英語を教わる」ということがあります。「られ」はありませんが、力の受け手（一郎）を前景にしているので、やはり受動文ということがあります。この受動文は能動文と長さが同じです。

　　能動文：先生が一郎に英語を教える。
　　受動文：一郎が先生に英語を教わる。

　この通りです。先に、「同じデキゴトを表す能動態の文と受動態の文で、長さに違いがある場合、長いのは受動態の文で、短いのは能動態の文である」とわざわざ言い直したのは、このような受動文を考慮してのことです。「教えられる」は、「教える」の中に受動標識の「られ」が入り込んでいると分解できますが、「教わる」は分解できません。「教えられる」のような表現を**「生産的受動表現」**、「教わる」のような表現を**「語彙的受動表現」**と呼ぶことがあります。語彙的受動表現の文は能動文と長さが同じです。「袋だたきにされる」という意味で「袋だたきに遭う」ということがありますが、これも語彙的受動表現で、「袋だたきにする」と長さが変わりません。

　「たたく」からは「たたかれる」ができる、「注ぐ」からは「注がれる」、「見る」からは「見られる」ができるという具合に、生産的受動表現は、多く

の動詞から規則的に生産することができます。それに対して語彙的受動表現は、ごく少数の動詞からしか、それも「教える」から「教わる」ができる、「袋だたきにする」から「袋だたきに遭う」ができるというふうに、なかなか予測のつかない形でしか生産できません。先に説明したように、ヴォイスというのはパターンですから、語彙的受動表現はちゃんとしたパターンになっていないと考え、受動表現に含めない立場もあります。どちらの立場が間違いということもありませんので、両方の考えを理解しておいてください。

【失業者】

話し手が前景にしているものを、仮に太い線の丸で囲むと、能動態と受動態はそれぞれ次の図4のようになります。

図4

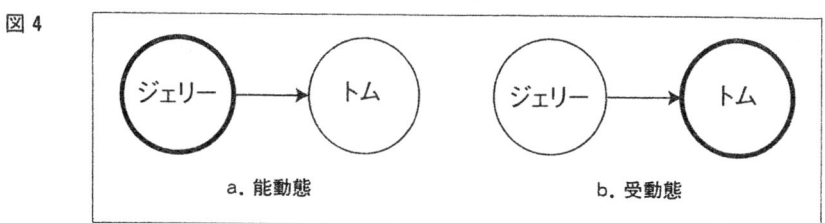

a. 能動態　　　　　　　　b. 受動態

　ジェリーは力の出し手ですから、普通なら注目されてスポットライトを浴び、舞台の一番前（前景）で主役をやるはずだったのですが（図4aではそうなっています）、図4bの受動態の場合、主役の座をトムに奪われ、舞台の奥の方（背景）に沈んでいます。このように、本来なら前景になるはずなのに前景になれなかった悲しいボールを、**失業者**と呼ぶことがあります。図4aではジェリーボールもトムボールも失業者ではありませんし、図4bのトムボールも失業者ではありませんが、図4bのジェリーボールは失業者です。
　現代日本語の場合、失業者は普通、「に」で表されることになっています。「トムがジェリーに殴られる」（図4b）という文は、「トム」に「が」が付き、「ジェリー」に「に」が付き、「殴る」の中に「られ」が入っていますから、「私は今、殴るという力の与え手であるジェリーを失業者にして、力の受け手であるトムを前景にするという有標な見方をしています」という意味です。

「ジェリーがトムを殴る」(図4a)という文は、「ジェリー」に「が」が付き、「トム」に(力の受け手を表す)「を」が付いていて、「殴る」の中に「られ」がありませんから、「私は今、殴るという力の与え手であるジェリーを前景にしています。トムが力の受け手です」という意味です。

【受動文の失業者】

受動文の失業者は、「に」のほかに、「によって」「から」で表現されることもあります。

「ダムが政府に建てられた」よりは「ダムが政府によって建てられた」の方が自然だし、「この論文はアインシュタインに書かれた」よりは「この論文はアインシュタインによって書かれた」の方が自然ですよね。このように、作成動詞の受動文では、失業者は「に」よりも「によって」の方が自然になるという傾向があります。

「から」は失業者から前景への方向を強調したい時に使います。「一郎が英語をあの先生に教わる」は、英語の知識が失業者(あの先生)から前景(一郎)へ伝わるという方向を強調したければ、「一郎が英語をあの先生から教わる」と言い換えることができます。

でも、「一郎が英語をあの先生に教わりにいく」は、「一郎が英語をあの先生から教わりにいく」に言い換えできませんよね。英語の知識が失業者(あの先生)から前景(一郎)へ伝わる一方で、前景(一郎)が失業者(あの先生)のところへ行くというのでは、方向がごちゃごちゃになってしまうでしょう。

【ビリヤードボールモデルの特徴】

さて、ビリヤードボールモデルの大きな特徴は、ボール同士の衝突をつなげていくことができるということです。図5 (p.32) がそうです。

ほかのボールに勢いよくぶつかられれば、静止していたボールは動きだします。この動く力はもちろん、最初のボールから与えられたものです。そして、動きだしたボールがまた別のボールにぶつかって、そのボールに力を与えれば、今度はそのボールが(ビリヤード台との摩擦にもよりますが)動き

図5

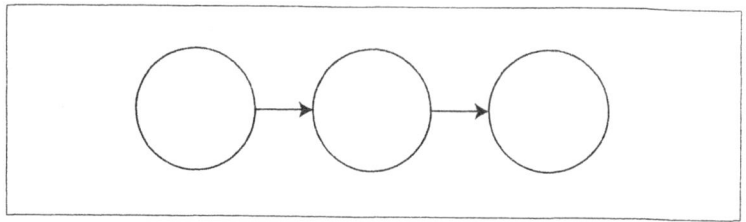

だすかもしれません。このようにしてビリヤードボールモデルは、ある原因によって生じた結果が、また新たに原因となって別の結果を生む、そしてその結果がまた……といった**因果の連鎖**を、ボール同士の衝突による力の受け渡しとして描くことができるのです。

【所有受動文】

現代日本語の受動文は、この長い連鎖を利用できることが知られています。

図6

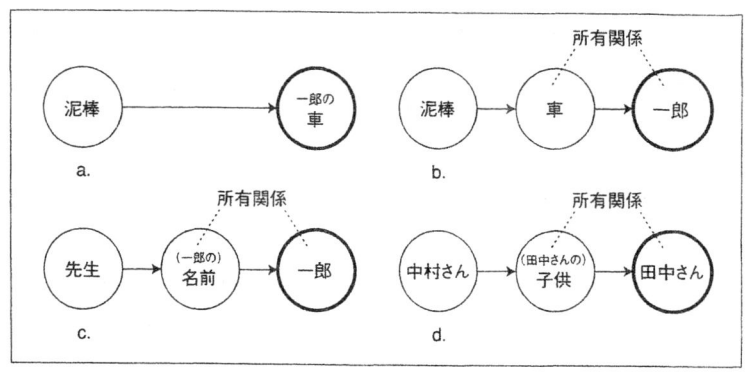

例えば、泥棒が一郎の車を盗んだ場合、これを図6aのようにとらえることができますが、図6bのような長い連鎖でとらえることもできます。

図6aの場合は、泥棒と、一郎の車という2つのビリヤードボール（つまりモノ）がビリヤード台に登場しています。もちろん一郎の車というイメージは、一郎と車という2つのモノからできているわけですが、ここではあくまで1つのモノとして登場しています。そして泥棒ボールが一郎の車ボールにぶつかって力を与えています。以上の図6aでできる能動文は「泥棒が一郎の車を盗んだ」であり、受動文は「一郎の車が泥棒に盗まれた」です。

図６ｂの場合は、泥棒と車と一郎という３つのボールがビリヤード台に登場しています。泥棒ボールが車ボールにぶつかって力を与えるところまでは図６ａと同じですが、この衝突によって車ボールが動きだし、一郎ボールにぶつかっています。車ボールがなぜ一郎ボールにぶつかるのかというと、一郎は車の持ち主だからです。一般に、持ち物が影響を受けると、その持ち主も影響を受けるととらえられやすいですよね。車と一郎のような**所有関係**によってできる受動文が「一郎が泥棒に車を盗まれた」です。ここでも、力を受けた前景（一郎）が「が」で示され、力を与えた失業者（泥棒）が「に」で示されていることを確かめてください。このような受動文を**所有受動文**とか**持ち主の受動文**などと呼ぶことがあります。

　「一郎が先生に名前を呼ばれた」「田中さんが中村さんに子供をけなされた」なども所有受動文です（図６c, d）。

　普通、一郎が名前を所有しているなんてわざわざ言いませんし、田中さんが子供を所有しているなどと言うと子供を物扱いしているようで変ですが、言語学の専門用語としてはこれらも一種の「所有関係」なわけです。念のために言っておくと、「田中さんが中村さんに子供をほめられた」のように、良いデキゴトの場合でも受動文はできます。（なお、図６ｂの場合は、車ボールが一郎ボールにぶつかってくれないと話が始まりませんから、図６ａの場合と違って車ボールが動くことにしてあります。この点は今は深く考える必要はありません。）

【被害受動文】

　さらに日本語では、所有関係が特にない場合でも、あるデキゴトに対して第三者が強い**被害感**を持てば因果関係が形成され受動文ができることがあります。例えば「私が雨に降られた」です（わざわざ「私が」ということはあまりないと思いますが、今は説明のために付けておきます）。この例文の場合、私が別に雨を所有しているわけではありませんが、雨が降ったことによって、傘がなくて家に帰れない、駅に足止めだ、困ったなあといった被害感が、雨ボールと私ボールの衝突になります。図７（p.34）のようになります。

　図７には雨ボールが２つ描かれていますが、最初の雨ボールから２番目の

図7

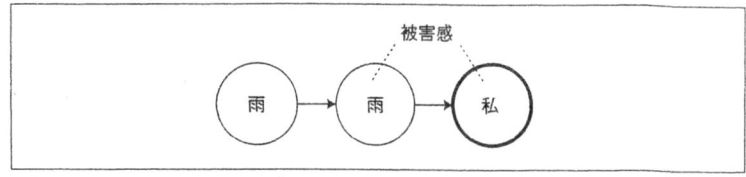

　雨ボールまでの矢印は、「雨が降る」という部分を表しています。この部分は、雨が空高くにある状態から、地上にある状態へと状態変化するという、他動性の低い部分です。別にほかのボールから力をもらったわけではありませんが、雨ボールには最初から力があって、そのためにビリヤード台の上を、[空高くにある状態]の位置から[地上にある状態]の位置へと動くのだと考えておきましょう。やがて雨ボールは力を使い果たして止まりますが、その瞬間に私ボールに当たり、私は力を受けます。それが「私」の感じる被害感です。ここでもやはり、力を受けた前景(私)が「が」で示され、力を与えた失業者(雨)が「に」で示されていることを確かめてください。
　「夜中に子供に泣かれて眠れない」「隣室の客に夜通しカラオケを歌われて眠れない」「釣り名人が、隣の素人に釣りまくられて、今日はさっぱり調子が出ない」なども同じです。このような受動文を**被害受動文**とか**迷惑受動文**などと呼びます。所有受動文や被害受動文と区別して、普通の「トムがジェリーに殴られた」などを、**まともの受動文**と呼ぶことがあります。

　このように所有受動文や被害受動文は、まともの受動文よりも1個多い、合計3個のボールで描かれます。普通の2個のボールに加えて、わざわざ3個目の、力を最終的に受け取るボールをビリヤード台に上げるというのは、力を受け止める3個目のボールに話し手が注意を向けていればこそ(つまり受動だからこそ)できる話です。ですから、所有受動文や被害受動文は、受動文があるだけで、対応する能動文は厳密に言えばありません。
　所有受動文「一郎が泥棒に車を盗まれた」に対応する能動文として、「泥棒が一郎の車を盗んだ」が挙げられることもあります。確かに、大きく見ればそれも間違いではないのですが、細かく言えば、この能動文は泥棒ボールと一郎の車ボールという、2つのボールの衝突を表したものですから、まともの受動文「一郎の車が泥棒に盗まれた」に対応する受動文であって、所有受動文に対応する受動文ではないでしょう。

被害受動文「私が雨に降られた」に対応する能動文として、「雨が降った」が挙げられることもあります。これも間違いとは言えませんが、この能動文は雨ボールという1つのボールの状態変化を表したもので、私ボールは一切表現されていませんから、厳密には対応していないと言えます。

例えば「私はその場の雰囲気に流されてしまった」は自然だけど「その場の雰囲気が私を流した」が不自然であるように、まともの受動文でも、実はいつも能動文が対応しているわけではないのです。でも、所有受動文や被害受動文は、いつも（厳密には）対応が見られないという点で、まともの受動文とは違っています。

所有受動文や被害受動文の場合、失業者は「に」でしか示せず、「によって」「から」では普通示せません。「一郎が泥棒によって車を盗まれた」や「私が雨から降られた」などは、変なわけです。このことも、所有受動文や被害受動文の特殊性を物語っていると言えます。

【使役態も変だ】

次に使役の問題を考えてみましょう。これは所有受動や被害受動とちょうど逆です。所有受動や被害受動は、因果の連鎖を後ろ（つまり右側、未来方向）に伸ばして第3ボールを導入しましたが、使役は第3ボールを前から（つまり左側、過去の原因の側から）導入します。

例えば、ジェリーがトムを殴れば、ジェリーが力を出しているのはだれの目にも明らかですよね。こんな場合、私たちは普通、ジェリーを力の出し手ととらえるだけで満足します。しかし、力というものは、まださかのぼってとらえることができるんですね。ジェリーがトムを殴ったのは、何かそれなりの理由があってのことだろう。そういえば、ジェリーと同じネズミ仲間の

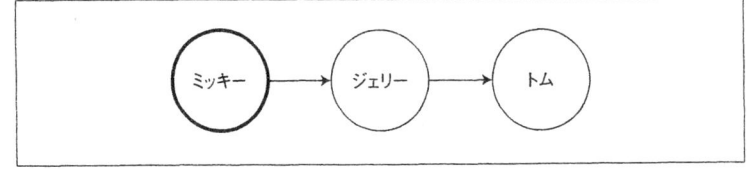
図8

ミッキーが、ジェリーに「ネコ撲滅」とか何とか、盛んに吹き込んでいた。ミッキーがジェリーをそそのかしたのだ、という具合です。図で示すと図8

のようになります。

　こんなふうに、話し手が、ジェリーを力の出し手ととらえるだけでは満足しないで、ジェリーに力を与えたミッキーもビリヤード台に上げて、ミッキー込みでデキゴトをとらえるということは、ちょっと変わっていて有標ではありますが、十分あり得るでしょう。普通ビリヤード台に上がらないミッキーボールがビリヤード台に上がるのは、話し手がミッキーボールに注意していればこそです。ですからこの場合、ミッキーボールが前景になり、ジェリーは失業者になります。これが使役文「ミッキーがジェリーにトムを殴らせた」です。前景のミッキーが「が」で、失業者のジェリーが「に」で示されていることを確認してください。

　ミッキーのような、普段ビリヤード台に上がらず表現されないけれども実は根本的なところで力を出しているというモノを、「影の大物」などと呼んでもいいわけですが、慣例では**「使役主」**と呼ぶことが多いです。使役主から力を受けるモノを**「被使役者」**と呼ぶことがあります。

　使役とは、普段ビリヤード台に上がらない使役主（ミッキー）をビリヤード台に上げて前景化し、力の出し手であることがだれの目にも明らかなモノ（ジェリー）を被使役者ととらえ失業者にするという、変わった（つまり有標な）注意の仕方です。上の例文の述語「殴らせた」の中には、実は「させ」（より正確には"(s)ase"）という言葉が入っているのですが、この「させ」は、変わっていますよ、使役ですよということを表す標識です。

【生産的使役表現と語彙的使役表現】

　使役の標識としては、「させ」（"(s)ase"）のほかにも「さす」（"(s)asu"）などがあります。が、「たたく」からは「たたかせる」ができるけれど「たたかす」はあまり言わない、「注ぐ」から「注がせる」はできるけれど「注がす」はあまり言わない、「見る」からは「見させる」はできるけれど「見さす」はあまり言わないという具合に、特に「させ」は多くの動詞の中によく入り込んで使役表現を規則的に生産することができます。そこで、「殴らせる」「たたかせる」「注がせる」「見させる」のような「させ」が入った使役表現は**「生産的使役表現」**と呼ばれることもあります。このような標識の分だけ、使役の表現（「殴らせる」）はもとの表現（「殴る」「たたく」「注ぐ」「見る」）よりも長くなる傾向があります。

例外的に、少数の使役表現（「倒す」）はもとの表現（「倒れる」）と同じ長さになります。「倒す」の方が短いじゃないかと思うでしょうが、形態素というちょっと専門的な単位で数えると、「たおs」「(r)u」と「たおre」「(r)u」で、どちらも２単位ですから同じ長さなのです。（形態素については第２章で説明します。）

　「倒す」のような例外的な使役表現を**「語彙的使役表現」**と呼ぶこともあります。「『倒す』は他動詞だと思ってた」というあなた、それも間違いではありません。使役表現であることと、他動詞であることは（もちろん別物であって）十分両立するのです。倒すという動作は力が他者へ向かいますから、「倒す」は他動詞です。そして、力を受けたモノがその結果必ず寝た状態へと状態変化するので、「倒す」は使役表現です。同じことが「殺す」にも言えます。しかし、例えば「蹴る」は、他動詞ですが、蹴られた対象が必ず状態変化を起こすという保証がないので、使役表現ではありません。

　語彙的使役表現は、ごく少数の動詞からしか、それも「倒れる」から「倒す」ができる、「死ぬ」から「殺す」ができるというふうに、予測のつかない形でしか生産できません。ヴォイスというのはパターンですから、語彙的使役表現はパターンになっていないと考え、使役表現に含めない立場もあります。先程見た受動の場合と同じですが、どちらの立場も間違いということではありませんので、両方の考えを知っておいてください。生産的使役表現と語彙的使役表現については、すぐ後でも説明を加えます。

【使役文の失業者】

　さて、先程述べたように、日本語の受動の失業者は、「に」のほかに「によって」「から」で示されることがありますが、使役の失業者は「に」のほかに「を」で示されることがあります。失業者が「に」の使役文を**ニ使役文**、失業者が「を」の使役文を**ヲ使役文**と呼ぶことがあります。

基本問題

問題2 自然な文かどうか考えなさい。
 a．花子が一郎を歌を歌わせる。
 b．花子が一郎に歌を歌わせる。

解説 ヲ使役文のaは不自然で、ニ使役文のbが自然ですよね。これは二重ヲ格禁止の原則で説明できます。二重ヲ格禁止の原則というのは、「現代日本語の短い文に『を』は2つ以上現れてはいけない」というものです。「山を登る」「道を登る」「山の道を登る」は全部自然なのに、「山を道を登る」が不自然なのも、この原則に違反しているからです。二重ヲ格禁止の原則によれば、被使役者（一郎）の動作の表現が「歌を歌う」のように「を」を含んでいる場合は、ヲ使役は不自然だということになります。

では、被使役者の動作の表現が「を」を含んでいなければ、ヲ使役とニ使役は、意味が同じなのでしょうか？

基本問題

問題3 どんな違いがありますか？
 a．花子が一郎を歌わせる。
 b．花子が一郎に歌わせる。

解説 ヲ使役文とニ使役文の意味の違いは、他動詞文も合わせて考えると便利です。ヲ使役文とニ使役文のうち本来の使役文はニ使役文です。だからこそ、「失業者というものは現代日本語では、受動文であろうと使役文であろうと普通『に』で示される」と言えるのです。ではヲ使役文は何なのかというと、本来の使役文（つまりニ使役文）と、他動詞文との合いの子なのです。図9を見てください。

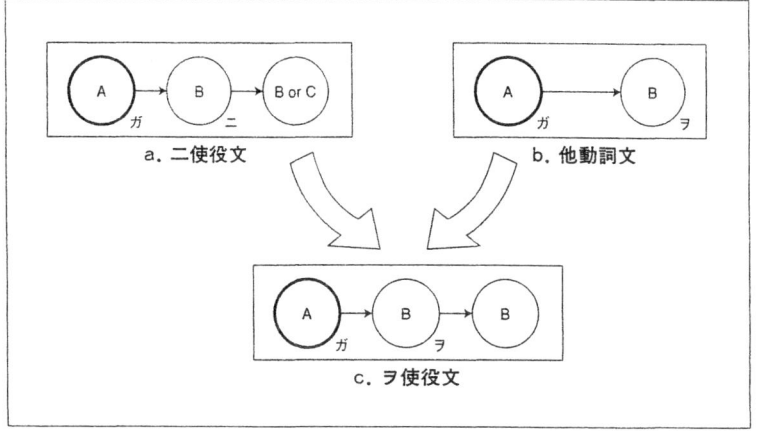

図9

　図9aのように、本来の使役文とは、「力を出しているので(転がっているので)当然注目されるはずのモノ(Bボール)を失業者にし、使役主(影の大物Aボール)をビリヤード台に上げて前景化する」ということです。ですから、Aボールが転がってBボールにぶつかり力を与え、Bボールが転がって止まります。つまりAボールの転がりに続いて、Bボールの転がりがあります。

　これまでの話では、Bボールがさらに別のCボールにぶつかる(例えばジェリーがトムを殴る)例も出てきましたが、それはたまたまであって、使役というものに絶対必要というわけではありません。Bボールが力を出して(転がって)いさえすれば、「殴る」のようにほかのボールにぶつかろうが、「歌う」のように一人で転がって力を使い果たして止まろうが、使役文であることに変わりはないのです。最後のボールを「B or C」(BかC)と記してあるのは、こういう意味です。なお、Aボールが「が」で、Bボールが「に」で示されることは、既に述べた通りです。

　これに対して図9bにあるように、他動詞文というのは、他者に向かう力を表すわけですから、Aボールが転がってBボールにぶつかり力を与えます。Bボールは別に転がりません。というのは、転がるにしても、転がらないにしても、他動詞文であることに違いはないからです。例えば「蹴る」というのは力が他者へ向かいますから他動詞ですが、机を蹴っても机は必ずしも壊れないし傷もつかない、つまり机ボールは転がらない(状態変化しない)わけです。他動詞文の場合、Aボールは「が」で、Bボールは「を」で示されます。

　ここで、本来の使役文(ニ使役文)の図と、他動詞文の図を重ねると、図9cのようになります。つまり、Aボールが転がってBボールにぶつか

り力を与え、Bボールが転がって止まるわけですが、Aボールが転がってBボールにぶつかるところが、すごく強調されます。というのは、この部分は図9aにもbにもあるからで、両方を重ねることで、強調が生じるのです。これがヲ使役文です。ですからヲ使役文は、使役主（Aボール）から被使役者（Bボール）への働きかけが、強調される文なのです。ヲ使役文は、Bボールが転がっていくところは、ニ使役文と似ていますが、Bボールが「を」で示されるところは、他動詞文と似ています。Aボールはもちろん「が」で示されます。（最後のボールがBであってCでないのは、二重ヲ格禁止の原則と関連していますが、ここでは深く考える必要はありません。）

　この問題3の場合、a「花子が一郎を歌わせる」はヲ使役文ですから、例えば、嫌がる一郎を無理やり強制的に従わせて歌わせるという情景が浮かびやすいと思います。つまり花子（Aボール）から一郎（Bボール）への働きかけが強いのです。

　それに対してb「花子が一郎に歌わせる」はニ使役文ですから、「次は僕が歌いたいよー」とお願いしてくる一郎に許可を与えるといった情景が浮かびやすいと思います。ニ使役文では、花子（Aボール）から一郎（Bボール）への働きかけは強くありません。働きかけが強い場合だけを「使役」と呼んで、働きかけが弱い場合を「**許可**」「**放任**」「**妨害の失敗**」……などと細かく分けている本もあります。それも間違いというわけではありませんが、ヴォイスの1つとして「使役」を考えると、使役主から被使役者への働きかけが強くても弱くても、すべて「使役」と呼ぶことになります。

問題4　どんな違いがありますか？
　a．一郎があの子を泣かせる。
　b．一郎があの子に泣かせる。

解説　ここでは、ヲ使役文aの方が、ニ使役文bより自然ですよね。なぜでしょう？
　それは、泣くという動作が普通、当人の意志で行う動作ではないからです。動詞「泣く」は普通、意志動詞（当人の意志で行う動作を表す動詞）ではないからと言うこともできます。泣くというのは何かの理由があって、

それで自然に泣けてくるわけで、何の理由もないのに「よし、じゃあ今からひとつ泣いてみるか」と思って意志的に泣くというようなことは、あまりないですよね。自分でもなぜだか分からないけれど「二・三が六」と暗算してしまう、なんていうことはないと思いますが、自分でもなぜだか分からないけれど泣いてしまうということは、十分起こり得る話でしょう。感情の動作には、このように原因が不明確であるという性質（仮に「原因の不明確さ」と呼びます）があります。

　一般に、使役というのは、AボールがぶつかってBボールに力を与え、それでBボールが転がるわけです。つまりBボールが転がる原因がAボールでないと使役文はできません。だというのに、Bボール（あの子）の転がる（泣く）原因が明確でなくて、Bボール自身にもなぜだか分からないけれど転がってしまうというのでは、Aボール（一郎）はBボールの転がりの原因ではないということになってしまい、ビリヤード台に上がることはできません。Bボールの動作が感情的な動作の場合、普通は使役文は作れないわけです。

　ただし、こうした感情的動作の原因の不明確性は、圧倒的な力の前には消し飛んでしまうということも事実でしょう。「とんでもない悲しみや苦しみを与えてしまえば、だれでも絶対泣いちゃうよ」ということです。Aボール（一郎）が有無を言わさぬ圧倒的な強い力でBボールにぶつかった（殴って蹴ってひどいことを言った）としたら、Bボール（あの子）は「でもあたしの気持ちはあたし自身にも分からなくて……」などと言う前に、吹っ飛ばされて転がっていく（泣く）ことになります。ニ使役文b「一郎があの子に泣かせる」が不自然で、ヲ使役文a「一郎があの子を泣かせる」だけが自然なのは、被使役者（あの子）に対する使役主の働きかけが強い場合に限って、感情動作の使役が成り立つからです。

　もっとも、ニ使役文b「一郎があの子に泣かせる」が、だれにとっても、いつも不自然というわけではありません。例えばこんな状況を考えてみましょう。一郎というのは実は映画監督で、現在、映画を撮影中です。この映画には、子供が酒場で泣く場面があるのですが、この場面は映画全体の流れの中で特に重要です。それだけに、泣く子役にはハイレベルの演技力が要求されますが、この役をうまくこなせば一躍大スターも夢ではないかもしれません。この役をもらおうと、何十人もの子供の俳優とその親たちが「ぜひ自分に（うちの子に）やらせてくれ」と一郎にアプローチしてきています。一郎はいろいろ悩んだ末、結局、例のあの子に泣かせることに決めた、といった状況込みで考えると、ほとんどの人が、ニ使役文b「一郎があの子に泣かせる」を、先程よりはずっと自然に感じるようです。今取り上げた映画の状況というのは、「あの子は完全に意識的に、泣こうと思って泣くのだ」と思いやすい状況ですから、それだけニ使役文が自然になって当然ですよね。

では最後に、生産的使役表現と語彙的使役表現の違いを考えてみましょう。

基本問題

問題5　「立てる」ですか？　「立たせる」ですか？
　　a．一郎が、横倒しになった道路標識を、もう一度［立てる／立たせる］。
　　b．一郎が、宿題を忘れた生徒を廊下に［立てる／立たせる］。

解説　いかがですか？　aは「立てる」、bは「立たせる」ですよね？
　「立てる」は語彙的使役表現で、「立たせる」は生産的使役表現です。ともに使役表現ですから、その意味はよく似ています。問題5を例にとると、「立てる」も「立たせる」も、図10のような意味になります。

図10

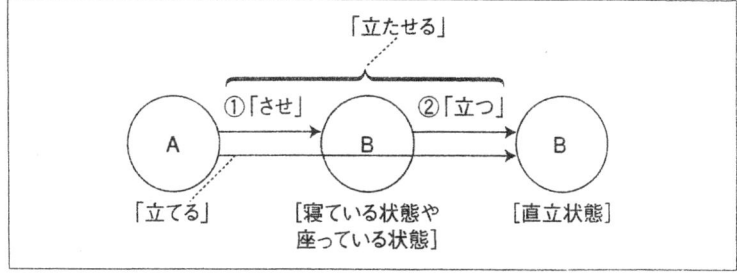

　Bボール（道路標識や生徒）がビリヤード台を、「寝ている状態や座っている状態」から「直立状態」まで転がって力を出す（つまり立つ）ので、Bボールが前景になるはずのところですが、影の大物のAボールが前景になり、Bボールを失業者にしています。Aボールは使役主、Bボールは被使役者と言ってもいいでしょう。ここまでは「立てる」も「立たせる」も同じですが、この先が違います。
　「立たせる」というのは、「立つ」と使役標識「させ」（"(s)ase"）が合わさったそのままの表現です。つまり図10の左から右へと流れる力を、いわば各駅停車で、「矢印①の部分（『させ』）＋矢印②の部分（『立つ』）」と、1部分ずつ言うようなものです。このように、生産的使役表現は全体の流れを前半プロセス・後半プロセスの2部構成ととらえます。矢印①と②のうち、Aボールが直接関係するのは矢印①だけですから、生産的使役の場合、2つの矢印をはっきり分けて表すことによって、Aボールの間接性を表して

いることにもなります。Bボールがビリヤード台上で最終的に止まるということに対して、Aボールの働きかけは間接的なものでしかありません。Bボールに対するAボールの働きかけは直接的で強くても弱くてもいいのですが（強ければ「～を立たせる」というヲ使役文、弱ければ「～に立たせる」というニ使役文になります）、Bボールの最終状態に対するAボールの働きかけは間接的です。

　これに対して語彙的使役表現「立てる」というのは、「立つ」＋「させ」のようには分けられませんから、いわば特急で、図10の左から右へ、一息に1部構成で表してしまいます。その結果、Bボールがビリヤード台上で最終的に止まるということに対して、Aボールの働きかけは、直接的だということになります。

　具体的に説明すると、「立てる」は語彙的使役ですから、使役主が、被使役者の直立状態の実現に向けて、直接的に働きかける場合です。従って、被使役者をつかんでグイと直立させたり、地面にブスッっと刺したりするのは、「立てる」にピッタリです。「立たせる」は生産的使役表現ですから、使役主が、被使役者の直立状態の実現に向けて、あくまで間接的に働きかける場合の表現です。従って、「君、立ちなさい」などと発言して、被使役者をそれに従わせるというのは、「立たせる」にピッタリなのです。

問題6　「立てる」ですか？　「立たせる」ですか？
a．一郎が、失神している兵士を無理矢理［立てる／立たせる］。
b．一郎が、死んで硬直している兵士を［立てる／立たせる］。

解説　この問題はどうでしょうか？　私がこれまで調べたところでは、「立てる」派はaよりもbの方がわずかに多いですが、aにしてもbにしても「立てる」派は圧倒的に少数で、大多数は「立たせる」派です。これは一体どういうことでしょう？

　「立てる」派がaよりもbの方がわずかに多いということは、先程の問題と同じ理屈で説明できそうですよね。つまり、失神している兵士の体なら、足とか関節とかはブラブラ動くだろうし、そういう足とか関節とかの動きは、兵士の体が無意識にしろバランスをとっている動きだととらえることがある程度できる。それに対して、死んで硬直している兵士の体は、問題5のaの道路標識と同じくカチカチで動かず、自分でバランスをとることはないので、一郎が最後まで（つまり兵士の体がきちんと立つまで）面倒を見てやらないといけない。この時、一郎の働きかけは道路標識の場合と同じように、直接的と感じられる。だから語彙的使役の「立てる」がより自然になる、という説明です。

　しかし、大多数が「立たせる」派であることは、どう説明すればいいの

でしょうか？
　答えはアニマシーです。ちょっと復習になりますが、アニマシーとは物理的な概念ではなくて、心理的なものでしたね。例えば死んだイワシのアニマシーは、ゼロではないわけで、すり鉢などよりはるかに高いですよね。すり鉢は生きたことすらないわけですから。特に人間であれば、たとえ死んでいても、かなり高いアニマシーが保持されますよね。
　普通直接的と思える働きかけであっても、被使役者のアニマシーが高ければ、話し手はこれを尊重します。具体的には、「使役主が最後まで直接全部やってしまう」という表現（語彙的使役表現）は避けて、「使役主がきっかけを作ると、あとは被使役者が勝手に状態変化する」という表現（生産的使役表現）を好み、被使役者独自のプロセス（状態変化）を認めようとします。そのためにこの問題は大多数が「立たせる」派なのです。

問題7　「立てる」ですか？　「立たせる」ですか？
　a．このマネキンはバランスが悪くて［立てる／立たせる］のに苦労した。
　b．この電気スタンドはバランスが悪くて［立てる／立たせる］のに苦労した。

解説　この問題も使役にアニマシーが微妙に関係してきます。aにしろbにしろ「立てる」派が多いのですが、「立たせる」派はbよりもaの方が少し多いのです。もちろん物理的に見ればマネキンも電気スタンドも全く生きていないわけですが、心理的なアニマシーは、人間の形をしているマネキンの方が、やはり少し高いわけです。

応用問題

問題2　イスを舞台に「上げる」のではなく「上がらせる」にはどうすればいいですか。

解説　例えば、朝になると窓から光が差し込んでくる。その光が凸レンズを通して集まって紙を焼く。紙が焼けたために、紙からぶらさがっていた重りが外れて下に落ちる。その力で滑車が回り、……。最終的にロープが巻き上げられ、ロープの端にくくりつけられたイスが舞台に上がる、という壮

大な装置を作ればいいでしょう。この装置は、使役主の働きかけを間接的にするのに役立ちます。

　人によっては、魔術や念力も、このような装置の代わりになります。つまり、「魔術師がイスを術にかけて、舞台にぴょこぴょこ上がらせた」などが人によっては自然になります。魔術や念力は、使役主の働きかけを間接的にしてくれる便利な小道具と言えるでしょう。

問題3　タマゴを「立てる」のではなく「立たせる」にはどうすればいいですか。

解説　例えば、タマゴの角を机などにぶつけてへこませて直立させるなら「立てる」になってしまいやすいでしょう。タマゴをへこませずに指で挟んで直立させ、そっと指を離すというやり方なら、「立たせる」になりやすいと思います。これは、タマゴ自身がもともと持っている形状に頼り、言ってみればタマゴ自身に微妙なバランスをとらせることによって、使役主の働きかけが決定的なものでなく、あくまで補助的で間接的なものにすぎないことを示す方法と言えます。

問題4　回覧板を「回す」のではなく「回らせる」にはどうすればいいですか。

解説　例えば、「最近はうちの町内の回覧板は、回覧途中で紛失したり、大幅に遅れたりしています。これでは回覧板の機能は果たせているとは言えません。ぜひとも昔のようにきちんと回覧板が回るよう、各自気をつけましょう」と町内会で決まったとします。そこでこの決定に従い、「昔のようにきちんと回覧板が回る」という目標の達成に向けて、町の人々が決然と立ち上がったとします。自分の家に来た回覧板を迅速に隣の家に届けるだけでなく、町内の人と会えば、立ち話のついでに、「お宅に回覧板は来ていないか。来ているならすぐ隣へ届けよう。忙しいなら私が代わりに届けようか」などと言い合い、注意し合ったとします。この時、「こうして町の人々は、昔のようにきちんと回覧板を回らせることについに成功した」という文は、かなり自然に聞こえるという人がいるのですが、あなたはどうでしょうか？

　この場合、被使役者の最終状態は、ただ単に1枚の回覧板が回るという具体的なものではなく、「回覧板が回る」というスローガンが達成されるという、抽象的なものです。人間は、自分の家に来た回覧板を隣の家に届け

たり、絵を描いたり道を歩いたりというような具体的な事柄は直接できますが、抽象的な領域の事柄は直接できません。ですから、被使役者の最終状態が抽象的であればあるほど、最終状態実現に向けての使役主の働きかけは間接的になり、生産的使役表現が自然になります。先に挙げたタマゴの例もそうですが、タマゴのバランスが左へあと0.3ミリどうとかいった微小な事柄は、人間の**身体サイズ**（例えば指のサイズ）と合わないので、人間が直接できる事柄とは感じられにくいのです。こういう最終状態に向けての使役主の働きかけは、どうしても間接的になるので、生産的使役が自然になります。

　ずいぶん長い話になりましたが、能動・受動・使役と主なものを説明したところで、ヴォイスの話は終わりです。お疲れさまでした。

　なお、これまで説明に使ってきたビリヤードボールモデルは、もちろん万能なものではありません。いろいろな部分で大きな問題点を持っているということを最後に断っておきます。そもそも「デキゴトとは力のやりとりである」という発想からして、人間の心に古典物理学を構築するような妙な気がしないでしょうか。私などは、モデルの基本的発想を考え直す必要があるとさえ思っています。しかし、このモデルは、ヴォイスのある程度の部分を初学者に分かりやすく示す上では便利なので、この本では一部を簡略化して採用した次第です。

第4節 エンパシー

　エンパシーは共感度と訳されることもありますが、例えば「今の田中さんという方の意見には強く共感しました」なんて日常生活で話す時の「共感度」とは違います。むしろ、身内度といった方が近いと思います。

基本問題

問題1　自然な文かどうか考えなさい。
（1）a．弟が田中先生に本をもらった。
　　　b．弟が田中先生に本をいただいた。
　　　c．弟が田中君に本をもらった。
（2）a．田中さんがうちの子に本をくれた。
　　　b．田中さんがうちの子に本をあげた。

解説　(1)のaは自然でしょうか。昔だと、「aは失礼。bのように**謙譲語**『いただく』を使うべき」と言い切れたのですが、この考えが現在でも通用するのかどうか、私はだんだん自信がなくなっています。エアロビクスの教室などへ行くと、レッスンが終わると、みんなきっちりお辞儀して「ありがとうございました！」って言いますけどね。先生たちの方が。まあ一応、aよりbの方がよいとしておきます。cは、田中というのが先生だとしたら一番失礼ですが、目下の人間という設定なら抵抗なく言えますよね。
　(2)のaは自然ですよね。bはどうでしょうか。上のaと同様、bも、ある本の所有権が田中さんからうちの子に移ったことを述べているのですが、bはうちの子を突き放しているというか、どこかおかしい気がしますよね。

　問題1をまとめると、次の表2のようになります。

表2

ヴォイス＼エンパシー	Aが身内	Bが身内
Aが前景 「AがBに本を〜」	さしあげる あげる やる	くださる くれる くれる
Bが前景 「BがAに／から本を〜」	もらう もらう	いただく もらう もらう

　表2では、AからBに本の所有権が移ることをどう表現するかが記されています。まず、話し手がAを前景にするかBを前景にするかというヴォイスの問題があり、それによって「Aが〜」となったり「Bが〜」となったりします。さらに、相手との上下関係によって「さしあげる」「あげる」「やる」のような使い分けが生じます。「あげる」は昔は謙譲語でしたが、今はそうした丁寧な意味はほとんど失われているようです。

　しかし、ここであなたに注意してもらいたいのはヴォイスではありませんし、**丁寧さ**（「**ポライトネス**」と呼ぶこともあります）でもありません。話し手にとってAとBのどちらがより身内かによって、言葉（例えば「あげる」と「くれる」）が使い分けられているということに、注目してもらいたいのです。英語だったら"give"一語で済むかもしれませんが、日本語は「身内かどうか」という基準で言葉を使い分ける必要があるわけです。この基準をエンパシー（共感度）と呼びます。

　本によっては、「あげる」と「くれる」などの使い分けだけでなく、ヴォイスの選択も含めて「エンパシー」や「視点」の問題とされることがあります。用語の定義次第ではそれも間違いではないのでしょうが、ヴォイスとエンパシーは分けて考えておいた方が混乱しなくていいと思います。というのは、動的な遠近感覚と静的な遠近感覚は別物だからです。

　例えばけんかの一部始終を報告する場合、「まず最初に手を出したのは一郎で、一郎が二郎を殴ったんです。もちろん私は、二郎が一郎に殴られて黙っているようなタイプでないことを知っていますから止めたんですが、その時には既に遅くて、二郎は一郎に飛びかかっていって……」などと言うことができます。この時、話し手は「一郎が二郎を殴ったんです」の部分では一郎を前景に置いていますが、「二郎が一郎に殴られて」の部分では、一郎を失業

者にし、二郎を前景にしています。このように、「何を前景としてクローズアップし、何を背景として遠ざけるか」は多くの場合、手早く簡単に変更でき、つまり動的なわけです。この本ではこれをヴォイスと呼んでいるわけです。

　ところが、「あげる」と「くれる」などの使い分けは、なかなかこうはいかないのです。私は息子と同じ家に住んではいるけれど、ここ数年間は口もきいていない、私は息子にはもはや何の関心もない、一方、田中さんとはよくお付き合いしているとしても、「田中さんが息子に本をあげた」はともすれば不自然に感じられがちで（田中さんの息子なら話は別です）、「田中さんが息子に本をくれた」の方が自然ですよね。いくら不仲で関心がなくても、私の息子は私にとって、他人よりは近い存在という一面があります。これはなかなか変わらないでしょう。つまり、この場合の「あげる」と「くれる」の使い分けは、とても変動しにくく固定的、静的なのです。いくら田中さんが魅惑的でも、私が身内の息子より田中さんを心理的に近く位置付けることは、この静的遠近のレベルでは難しいことです。この本ではこれをエンパシーと呼んでいます。私の息子は私にとって血縁的に、生涯、田中さんよりエンパシーが高いのが普通です。私の息子が私に本を与えたという場合、「息子が私に本をくれた」は自然だけれど「息子が私に本をあげた」は不自然ですよね。これは、エンパシーが最も高いのは話し手自身だからです。

応用問題

問題1　「田中さんが小松さんに本をくれました」と言えるのは、どんな状況ですか。

解説　例えば、社内の隠し芸大会に備えて、私は小松さんと漫才コンビを結成しました。私のボケは最高なのですが、小松さんのツッコミが今ひとつで、何とかしたいと2人で悩んでいたところ、ちょうど私が出張中のことでしたが、「ツッコミの実力アップは、やっぱりこの本だろ？」と、1年先輩の田中さんが小松さんに本をくれました。いや、よかったよかった。この状況では、田中さんは先輩にすぎませんが、小松さんは私の相方ですから、より身内で、エンパシーがより高くなります。このように、話し手にとって赤の他人同士（田中さんと小松さん）の間で行われる授受が表現される

場合は、「あげる」と「くれる」の使い分けは、漫才コンビ結成のような事情に影響され、ある程度は動的になります。

　全く別の解答を考えることもできます。例えば、あるテレビ番組を想像してみましょう。これは、難病と戦い続ける小松さんの生活を追ったドキュメンタリー番組です。画面には、小松さんがあくまで明るい表情で治療を受ける様子が映っています。そこへ次のようなナレーションが入ります。「長引く闘病生活に小松さんは疲れ果て、3年目にはほとんど自暴自棄になりかけていました。そんな時、同じ病室にいた田中さんが小松さんに本をくれました。そして、その本が小松さんに、明るく生きていく力をくれたのです……」。こういう状況ならけっこう自然だと思いますが、どうでしょうか？　このナレーションは、小松さんの体験を、小松さんの心からとらえた形で語っています。ですから、小松さん自身がナレーターをやらなくても（つまり「話し手」にならなくても）、小松さんの共感度は「私」並みに高いわけです。

　なお、このナレーションの最後のところは、「そして、その本が小松さんに、明るく生きていく力をあげたのです……」にはなりませんよね。ナレーションではなく普通の日常会話にしても同じことですが、「その本が小松さんに、明るく生きていく力をくれたそうだ」は（ちょっと小松さんの世界に入っていますが）自然なのに、「その本が小松さんに、明るく生きていく力をあげたそうだ」は変ですよね。なぜでしょう？

　答えはアニマシーです。本と小松さんではアニマシーが違いすぎます（もちろん小松さんが高くて本が低いです）。私と同じ人類である小松さんは、広い意味での身内と言えるかもしれません。小松さんはアニマシーだけでなくエンパシーも、本よりは高いので「くれる」が選ばるというわけです。

【利害にうるさい日本語話者】

　「日本語の動詞の使い分けにエンパシーが関わることは分かった。でも、関わるといっても、『あげる』『くれる』を中心にした、たかが数語のことじゃないか。どの教科書にもエンパシーのことが書いてあるけど、そんなにうるさく言い立てるほどのことなのか」というのは、もっともな疑問です。この疑問に答えるために、日本語話者が利益の授受表現をいかに多用するか、見ることにしましょう。

基本問題

問題2 自然な文かどうか考えなさい。
a. 私は道に迷ってしまいました。すると親切な人が道を教えました。
b. 私が「分からない」と言うと、その人は私を車で連れていきました。
c. こんどは私が、困っている人を助けたいです。

解説 いかがですか？ うーん。aもbもcも、言いたいことは分かりますが、なんとなく留学生が書いた文のような気がしないでしょうか。aは前の文と後ろの文のつながりが悪くて、ちょっとバラバラな感じですよね。bはその人が私を誘拐しているふうにもとれますが、「分からない」という返答がなぜ誘拐のきっかけになるのかはなぞです。cは完全に自然な気もするけれど、日本語としてはちょっと不自然な感じですよね。なぜでしょう。とりあえず、次の問題を見てください。

問題3 自然な文かどうか考えなさい。
a. 私は道に迷ってしまいました。すると親切な人が道を教えてくれました。
b. 私が「分からない」と言うと、その人は私を車で連れていってくれました。
c. こんどは私が、困っている人を助けてあげたいです。

解説 この問題のabcの方が、問題2のabcよりも自然な気がしますよね。この問題が問題2の問題と違うところは、動詞が「教えて」のようにテ形になっていて、その後ろに「くれる」や「あげる」という表現が補助動詞として入っているところです。動詞のテ形につく補助動詞の「くれる」「あげる」も、使い分けの基準はやはりエンパシーですが、モノの授受ではなく、利益の授受を表す点が違います。aは親切な人が私に道を教えることによって私に利益を与える、bはその人が私を車で連れていくことによって私に利益を与える、cは私が困っている人を助けることによってその人に利益を与えるということで、このような利益の授受が、補助動詞「くれる」「あげる」で表現されています。日本語話者はこのような利益の授受表現を実によく多用します。これらがないと、問題2の文のように不自然になる場合が多いのです。「あげる」「くれる」などが重視されているのは、このような理由があってのことです。

応用問題

問題2 意味の違いを考えなさい。
（1）a．では、『だんご3兄弟』を歌います。
　　　b．では、『だんご3兄弟』を歌わせていただきます。
（2）a．これからあなたの娘さんをひどい目に遭わせるわね。
　　　b．これからあなたの娘さんをひどい目に遭わせてあげるわね。

解説　(1)は、aは単純ですが、bは使役表現「させ」("(s)ase")と「ていただく」のミックスで、へりくだりの精神がこもっていますね。私が歌うというのは私が独力で歌っているように見えるが、実はそうではない。私に歌う力を与えている影の大物がいらっしゃる。それは皆さんである。皆さんあっての私であるから、私が歌を歌うのは皆さんのおかげである。私が歌うのではなく、皆さんが私を歌わせる。そして、皆さんが私にそのような力をお与えくださるのは、私にとってありがたいこと。皆さんが私を歌わせることで私は利益をいただきます。bの背後にある考えを極端にして言えば、このようになるでしょう。

　私などは(2)のようなセリフを聞くと、兵器開発に関わった博士が敵国の妖艶（ようえん）な女士官に尋問されているシーンがほとんど反射的に浮かんできますが、皆さんはいかがですか。なかなか口を割ろうとしない博士に機密を吐かせるために、女士官は博士の目の前で、博士の愛娘を拷問しようとしているのです。相手にとってつらい動作をあえて「てあげる」で表現することで、bの話し手（女士官）にはaにはないすごみが出ているのではないでしょうか。

　なお、エンパシーのような血縁的なものではありませんが、やはり静的な遠近感覚が私たちの言語表現に影響することがあります。例えば先日、ある大学院生が「寺村さんの本を読んだら、こういうことが書いてあって……」と言っていました。この院生が「寺村さん」と呼んだのは寺村秀夫という、日本語を中心とした言語研究の世界では大変有名な方ですが、もう十年近く前に亡くなられています。生前にお会いしたことはないけれども、多くの先生方が今でもよく寺村さん、寺村さんと親しみを込めておっしゃっているのを聞いて、自分もつい「寺村さん」と呼んだ、というのが真相のようです。面識がないわけですから変といえば変ですが、この院生の感覚も分かるような気がします。

ところで、この院生が一方では、「フィルモアにもコメントをもらいました」というようなことを言うんですね。「フィルモア」と呼ばれているのはチャールズ・フィルモアという、認知言語学の世界では大変有名な方で、まだピンピンしていらっしゃいます（だからコメントするわけです）。面識がなく死んでいても「さん」付けの人と、面識があり生きていても呼び捨ての人と、どこが違うのでしょうか？　どうやら私たちは、民族〜国家的な点から近さ遠さを測るところがあって、日本人は近く、外国人はどこかしら遠く位置付ける傾向があるようです。「ラネカーが火を吐いて東京を焼き尽くした」と聞いても特に違和感はありませんが、「井上が尾の一撃で大阪城を粉砕した」とか、「中川が長い触手でタンカーを海中に引きずり込んだ」とかいうのは、ちょっと変ですよね。怪獣や怪人の名前は、外国人（特に西洋人）ふうの名前と決まっています。ウインダム、バルタン、ゴルドン、スペクターという具合に、外国人名がそのまま怪獣や怪人の名前になった例もありますが、最近はさすがに自重されているようです。

　静的な遠近感覚は、以上のような血縁レベルや民族、国家レベルで決定されるもののほかに、地域レベルで決定されるものもあるようです。例えば現時点の京都人にとって、「さん」の付くデパートは歴史の古い「大丸さん」1つと決まっているようで、個人的に親しみを感じても「高島屋さん」「阪急さん」「近鉄さん」とは言わないそうです。同じように神戸に住む中年女性の中には、生協のことを「コープさん」と呼ぶ人もいます。おそらく生協が神戸で生まれたからでしょう。

エンパシー

第5節 ダイクシス

　これまで見てきたのは、心理的な遠近感覚が言語表現に影響する場合です。ここからは、物理的な遠近感覚が言語表現に影響する場合を見てみましょう。心理的な遠近感覚と同じように、物理的な遠近感覚にも動的・静的の2つがあります。ここではまず、動的なものから見ることにしましょう。

【コソア】
　例えば、本を指さして「これは本です」という場合と「あれは本です」という場合では、何が違っているのでしょうか？
　それは、その本が話し手から近いか遠いかということです。話し手から近ければ「これ」、遠ければ「あれ」になります。話し手が少し歩いて遠近関係が変われば、さっきまでの「これ」を「あれ」で指し、逆にさっきまでの「あれ」を「これ」で指すこともあるでしょう。つまり「これ」と「あれ」の使い分けは動的です。「こっち」と「あっち」、「こんな」と「あんな」の使い分けなども同じで、これらをまとめて「コ系」「ア系」などと言ったりします。コ系とア系の**指示詞**の使い分けは、動的で物理的な遠近感覚によるわけです。
　ついでに言いますと、「それ」「そっち」「そんな」などの「ソ系」は、聞き手の領域を表すと言われることもあります。だいたいはそれでいいかもしれません。しかし、「運転手さん、そこを曲がってください（と言って少し先の交差点を指す）」とか、「例の本なら、そこにあるだろ（と言って自分の後ろの机の上を振り向きもせずに指さす）」とか、聞き手の領域とは思えない場合もあります。
　以上に挙げたような指示詞の使い方を**直示用法**といいます。例えば直示用法の「ここ」は、話し手がしゃべっている現場から近い場所を表します。直示用法の「あそこ」は、話し手がしゃべっている現場から遠い場所を表します。「ここ」や「あそこ」の直示用法で表される場所は、話し手がどこで「ここ」「あそこ」としゃべるかによって変わってきます。このように、言葉は多かれ少なかれ、言葉を発する現場（**発話現場**）を基準にしていて、発話現場に

よって内容が変わるという性質を持っています。この性質は**直示性**とか**ダイクシス**とか呼ばれるもので、特にその性質が強い言語表現は**直示表現**と呼ばれることもあります。直示表現として使われるという用法が直示用法です。

　直示表現は指示詞ばかりではありません。指示詞以外の直示表現も見ておきましょう。「きょう」は発話の当日を指します。「きのう」は発話の前日を指します。1月1日に「きょう」と言えば1月1日のことで、「きのう」と言えば12月31日のことですが、4月1日に「きょう」と言えば4月1日のことで、「きのう」と言えば3月31日のことです。やはり、いつしゃべるか（これも発話現場の違いと言えます）によって、直示表現「きょう」「きのう」の内容は変わってきます。

基本問題

問題1　自然な文かどうか考えなさい。
（1）a．1月1日に出発する。
　　　b．きょうに出発する。
（2）a．12月31日に到着した。
　　　b．きのうに到着した。
（3）a．あの規制は既に1997年に廃止されています。
　　　b．あの規制は既に2年前に廃止されています。
　　　c．あの規制は既に一昨年に廃止されています。

解説　(1)のaは自然ですけど、bは変ですよね。「きょう出発する」ならよく分かるでしょう。このように、時間を表す直示表現は、現代日本語では助詞「に」を付けないのが普通です。もちろん、「きょうになって判明した」などとは言いますが、「〜になる」「〜にする」「〜に決まる」などの「に」は、普通の助詞とは性質が違います（断定の助動詞「だ」の連用形だという人もいます）ので、ここでは問題にしません。

　(2)もaは自然だけど、bは変ですよね。(1)と同じ理由です。

　(3)はどうでしょうか。aは自然ですね？　bも自然ですが、上で述べたことの例外にはなりません。なぜかというと「2年前」は直示的でないからです。bの「2年前」は、きょうから2年前のことを表す場合が多いか

もしれませんが、「1973年に新製品を発売した時点で、あの規制は既に2年前に廃止されていましたから何の問題もなかったわけです」などのように、そうでない場合もあります。つまり「2年前」という語は、「何らかの基準から2年さかのぼった年」ということしか意味しておらず、発話現場が基準ではないのです。この基準の内容は、文脈によっていろいろ変わります。特に何も指定がなければ、今年（つまり発話現場）が基準になるので一見、直示的に思えますが、「1973年」のように指定があればその日が基準になります。

　cも人によっては自然になります。「一昨年」は直示的ですから、cは上で述べたことの例外になります。時間を表す直示表現は、現代日本語では助詞「に」を付けないというのは、あくまで傾向であって、例外もあるということです。

問題2　aの文とbの文で、どんな違いがありますか？
（1）a．きのうはどうも失礼いたしました。
　　　b．前日はどうも失礼いたしました。
（2）a．じゃあ残金は来月ということでよろしくお願いします。
　　　b．じゃあ残金は翌月ということでよろしくお願いします。

解説　相手に会っていきなり言うせりふとして、(1)のaはまあ自然ですが、bは不自然ですよね。bを言うには、それまでに相手とある日のことを話している必要があります。「ところでその日の前日はどうも失礼」という感じです。「きのう」はいつも発話現場が基準なので直示表現ですが、「前日」は基準になる日が文脈次第なので、直示表現ではありません。

　(2)のaは現在の月の次という感じですが、bはそれまで話題になっていた月の次という感じですよね。「来月」は直示表現ですが、「翌月」は直示表現ではありません。

　直示表現にはもっといろいろなものがあります。「私」や「あなた」や「彼」も、発話現場（だれが話し手か、だれが聞き手か、だれが話し手でも聞き手でもないか）によって内容が変わりますから、実は直示表現です。発話現場は「いまここ私」といわれることもあります。

　指示詞に話を戻しますと、指示詞の用法は直示用法のほかにも、**文脈指示**

用法つまり**照応用法（アナフォリックな用法）**というのがあります。例えば「今はこの世にいない一郎とその兄」の「その」は、一郎を指しますが、一郎は発話現場にいるわけではないので指さしできません。一郎は、「その」直前の文脈にいるのです。文脈指示用法とは、このような用法です。しかし指示詞には、直示用法や文脈指示用法のほかにも、話し手や聞き手の頭に蓄えられている知識を指すように見える用法があり、全貌はなかなか簡単には説明できません。これら3つの用法の違いも、それほどはっきりしているわけではありません。

ダイクシス

応用問題

問題 あなたはコンビニに行きました。1人の客があまりたくさんの品物をレジに持ってきたので、袋に詰める店員が、レジ打ちの店員に向かって、「これ、全部そう？」と聞いていました。この「そう」は何を指すのでしょう。　これは指示詞の何用法でしょうか。

解説 解答はあえて書きません。ご自分でいろいろ考えてみてください。

第6節 「行く」と「来る」

　次に静的で物理的な遠近感覚を紹介しましょう。これは結局、**縄張り**の話です。犬が電柱にマーキングするのは、自分の縄張りを示しているのだとよくいわれます。あの縄張りです。

　ここでちょっと復習になりますが、第2節で学んだ個体空間を思い出してください。第2節では、ジェームズ島でシカが大量死した事件などを取り上げて、個体空間についてお話ししました。個体空間というのは、「他者がこれ以上自分の近くに来ると気持ち悪い。この中には入ってきてほしくない」という空間で、自分を中心として広がっており、自分が動けば一緒に動く、見えない泡のようなものでした。人間も動物も、個体空間を持っていて、自分の個体空間の外に出ることは一生なかったのでした。そうでしたよね？

　縄張りが個体空間と違うのは、脱出できるということです。例えば、私の家は私や家族の縄張りであって、他人が無断で侵入してはいけないことになっていますが、私や家族が外出していて家にいなくても、やはり家は私や家族の縄張りです。つまり、私たちは、家という縄張りの外に出ることができるのです。縄張りは、個体空間のように私たち自身を中心としているのではなく、私たちの住居や仕事場といった安定した場所を中心に広がっています。個体空間も含めて縄張りと呼ぶこともあるようですが（第5節でお話しした指示詞「これ」「あれ」の使い分けも、よく縄張りの問題として論じられています）、この本では個体空間は動的、縄張りは静的として区別しておきます。

　さて、ここで考えてみたいのは動詞「行く」「来る」の使い分けです。例えば「いま行くよ」が英語なら"I'm coming.（いま来るよ）"となるように、「行く」と「来る」の使い分けは必ずしも他言語（英語なら"go"と"come"）と同じではなく、難しい部分があります。ここでは特に、「来る」を中心に見てみます。

　動詞「来る」は何らかの接近行動を表しますが、ここには動的な遠近感覚と、静的な遠近感覚の両方が関わっています。動的な遠近感覚が関わっているというのは、私がどこにいようと、私の個体空間に向かっての彼の接近行

動は「彼が私のところに来る」と表現できるからです。では、静的な遠近感覚はどうでしょうか？

　やしきたかじんという歌手は、購入する住宅物件を見もしないで決めたことがあるそうです。こういう人が現実にいてくれると、説明が楽になり実に助かります。やしきたかじんがストックホルムにある1軒のレストランを、見もしないで衝動的に買ったとします。買った後も全然行かないとします。するとしばらくして、「たかじんが買うたレストランちゅうのんは、ここか？」などと言いながら桂ざこばがそのレストランを訪れたとします。レストランのスタッフは、このことを国際電話でやしきたかじんに伝えます。電話を受けたやしきたかじんは後日、第三者に、「ストックホルムにある僕のレストランに、先週ざこばさんが来てくれたみたいなんです」などと言うことができますよね（図11）。

図11

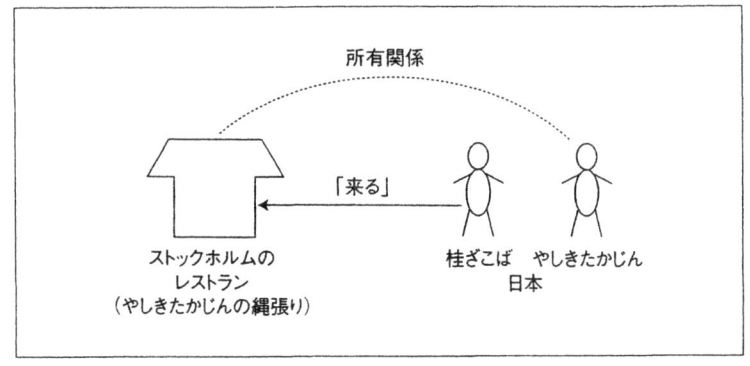

　つまり、自分自身そのレストランを見たことがないし、行ったこともないとしても、所有するレストラン（縄張り）への桂ざこばの接近行動は「来る」で表すことができます。静的な遠近感覚が「来る」に関わるというのは、こういうことです。このように「来る」には動的な遠近感覚と静的な遠近感覚が関わっています。

基本問題

問題1　「行く」ですか？　「来る」ですか？
北海道大学の学園祭に、あのタレントが［行く／来る］。

解説　どうでしょうか？　「行く」も不自然ではありませんが、普通「来る」の方が先に出てくるのではないかと思います。仮にタレントが東京に住んでおり、話し手が大阪に住んでいた場合、タレントは東京から北海道へ移動するわけですから、話し手からすれば遠ざかることになります。それなのに、どうして「来る」と言えるのでしょう？　これを説明するには、第2節のはじめのところで私が断ったことを、思い出してもらう必要があります。

そもそも人間の言葉は人間の心理の影響を受けているわけで、この本で「物理的な遠近感覚」と呼んでいるものも、本当は「『物理的な遠近感覚』と感じる心理的な感覚」なのです。「『来る』は、話し手の個体空間や縄張りへの接近行動を表す」というのは、その通りなのですが、ここで言っている「接近行動」というのも純粋に物理的なものではなくて、ある程度は心理的な広がりがあるものだと考えてもらう必要があります。

東京在住のタレントが北海道に移動するという行動は、大阪在住の話し手にとっては、確かに接近ではありませんが、それは純粋に物理的な話です。普段東京にいる時のタレントは事務所やテレビ局の人間にガードされていて、大阪在住の自分が新幹線で東京へ出掛けていっても会ったりできないけれど、北海道大学の学園祭では違う。自分もその学園祭に行きさえすればタレントの生の歌が聞けるし、おしゃべりも聞ける、こちらの声援だって届くかもしれない、ひょっとするとサインや握手もしてもらえるかもしれない。こう考えると、タレントが東京にいるよりも北海道にいる方が、タレントの魅力が自分に届きやすくなるわけで、これも一種の「接近」と見ることができます。タレントは、物理的には北海道へ遠ざかるけれども、話し手にとってアクセスしやすい領域（学園祭）へ接近するので、「来る」が使えるわけです。

逆に、芸能関係者だと、普段からそのタレントに会うことができる（ことになっている）ので、タレントが北海道に移動してもアクセスの可能性が高くならず、「来る」は使いにくくなり、「行く」が使いやすくなります。もちろん北海道在住の芸能関係者なら話は別です。普段から見られないマイケル・ジャクソンのような外国在住のタレントなら、芸能関係者でも「来る」が自然に使えます。

また、そのタレントの一週間を追ったドキュメント番組などで、「これから北海道へ飛んで学園祭ね。よーし、がんばっちゃお！」というようなタ

レントの感情にのめり込んでしまえば、それだけ「行く」が使いやすくなります。

問題2 「行く」ですか？　「来る」ですか？
ハワイ大学の学園祭に、あのタレントが［行く／来る］。

解説　やはりタレントは東京在住で、話し手は大阪在住とすると、「来る」派は先程の問題と比べて、ぐっと減ります。いくら学園祭でアクセスの可能性が高まるとはいえ、ハワイに飛ぶぐらいなら、日本の東京で事務所やテレビ局の人間にガードされている方が、まだアクセスの可能性が高いのでしょうか。北海道大学に通用する理屈が、ハワイ大学にはなかなか通用しません。どうも私たちにとって、ハワイ（ひいては外国）はまだまだ遠いところのようです。

　「行く」と「来る」という、たった2語の使い分けに（それも「来る」を中心にして）多くのスペースを割いたわけですが、その理由は「あげる」「くれる」のところで説明したのとだいたい同じです。日本語話者は「行く」「来る」を多用しますし、「このまま円が下がっていくと、うちの会社なんかは大変なことになってくる」のような補助動詞の「いく」「くる」の基本も、今述べた本動詞「行く」「来る」にあるのです。

【情報の縄張り】

　なお、ここでせっかく「縄張り」という用語を説明しましたので、神尾昭雄氏を中心に展開されている**「情報の縄張り理論」**についても、ごく簡単に紹介しておきましょう（神尾氏の表記では「なわ張り」ですが、この本では「縄張り」という表記で通すことにします）。この理論によれば、縄張りという考え方は、空間だけでなく、情報にも適用されます。

　例えば私がある会社を訪問して、専務と面談しているとします。そこへ秘書が入ってきて「専務、3時から会議です」と、緊急の会議を私の面前で専務に告げたとします。私はそれを聞いて、「ああ、専務は3時から会議なんだ」と確信したとします。さて、3時が近づき、私は専務のもとを辞そうと

します。情報の縄張り理論が注目するのは、この時、私が「専務は3時から会議のようですから、これで失礼します」とは言えても、確定的な断定の形で「専務は3時から会議ですから、これで失礼します」とは言いにくいということです。これは［専務が3時から会議だ］という情報が私の縄張りでなく、専務の縄張りに属しているからなのだ、だからこそ専務自身は「私は3時から会議ですから……」と確定的断定形が使えるのだ、というのがこの理論による説明です。

　以上、ヴォイスの使い分け・「あげる」「くれる」などの使い分け・指示詞（直示用法）の使い分け・「行く」「来る」の使い分けという、4種類の現象を駆け足で見てきました。これらの現象が少しずつ違った原理に支配されているということを理解してください。

第7節 人称制限

遠近感覚ということに関連付けて、もう1つ別の現象を紹介しておきましょう。それは「**人称制限**」と呼ばれることのある現象です。

基本問題

問題1 次の文が不自然なら、直しなさい。
a. あの時は、父もすっかり元気を取り戻した様子で、私もうれしかったです。
b. あの時は、父もすっかり元気を取り戻した様子で、弟もうれしかったです。

解説 aは自然ですが、bはちょっと変ですよね。「弟もうれしかったみたいです」「弟もうれしそうでした」「弟もうれしいと言っていました」「弟もうれしがっていました」など、別の言い方に直す必要があるでしょう。このように現代日本語では、自己（話し手自身）の感情と他者の感情は、全く別物として扱われ、文型も違っています。aは自己の感情を、自己の感情専用の文型を使って表した文です。他者の感情をこの文型で表現するとbのように不自然になります。では、なぜ現代日本語では、自己の感情と他者の感情は別物扱いされるのでしょうか？

まず考えなければならないことは、「人間は、自己の感情を知るように他者の感情を知ることはない」ということです。自己の感情なら最初から分かっていますが、他者の感情はつかみきれないところがあります。弟といっても、しょせんは他人、いくらニコニコ顔で飛び跳ねて「うれしい！」と叫んでいたとしても、弟が本当にうれしいのかどうかは、私には分かりません。ひょっとしたら私をだまそうと、演技しているだけなのかもしれません。これは時代や地域や言語を問わず、人間社会に普遍的に成り立つ真実です。

問題は、この普遍的真実をそれぞれの言語がどの程度まで反映するかと

いうことです。英語でも、例えば"He is sad.（あの人は悲しい）"というよりは"He looks sad.（あの人は悲しそう）"という方が多いそうですが、"He is sad."もそんなに悪くはありません。しかし日本語やネイティブ・アメリカン（昔はアメリカ・インディアンと呼ばれていました）の諸言語では、「他者の感情を知ることはできない」という普遍的事実が英語よりもっと忠実に反映され、上のbのような言い方は不自然になります。

　第4節のエンパシーのところでは、「私の弟や子供は私にとって、赤の他人より近い存在」といった遠近感覚をお話ししましたが、ここではそういう身内意識さえ一切排除されています。私以外は、弟であれ子供であれ赤の他人であれ、私が本当の意味で一緒になれない遠い存在として扱われます。私にとって近い存在とは、私自身ただ1人です。

　もちろん、私自身が他者の感情にそこまで懐疑的になる必要はありませんし、現実にはまず懐疑的になどならないでしょう。理屈の上では絶対に知り得ない弟の心ですが、私はなぜかそれを決めつけることができ、日々それで生きているわけです。あの時は弟はうれしかった、あの時は弟は悔しかったと勝手に確信して、その確信が勝手な決めつけでしかないことにすら、普段は気付きません。それでいいのです。「だれがどう思っているか、本当のところなんて分かりはしない」などと真剣に考えていたら、ノイローゼになってしまうでしょう。しかし、私たちが日々使っている日本語という言語が他者の心の不可知性に敏感だとしたら、日本語の文型を正しく使い分ける私たちの心も、何パーセントかは、そういう日本語の基本姿勢と近いところにあるのかもしれません。

　問題の解答に戻りますが、「弟もうれしかった<u>みたい</u>です」「弟もうれし<u>そう</u>でした」というのがなぜ自然かというと、いくら弟とはいえ、私は他者の気持ちを知ることはできませんから、「これはあくまで私の推測ですよ。外れているかもしれませんよ」というムードの表現（「みたい」「そう」）を付けているから自然なのです。**ムード**とは、表現される事態が現実のものか、ありそうなものか、現実に反するものかといったことに対する話し手の態度だと思っておいてください。

　では、「弟もうれしいと<u>言っていました</u>」がなぜ「みたい」「そう」抜きで自然かというと、弟の心の中ではなく、弟の身体動作（例えば発言）なら私にもはっきり分かるからです。

　「弟もうれし<u>がっていました</u>」が自然なのも同じことです。「うれしがっていました」の中には「がる」「ている」（"gar""tei"）というものが入っています。「がる」は、内面の心理状態を外部動作化する働きを持っています。例えば「犬をかわい<u>がる</u>」（かわいい＋がる）というのは典型例をいうと、犬に抱きついてほおずりし、「かわいいかわいい」と猫なで声で言いながら目を細めてなで回すというような、ああこの人はこの犬のことがかわいいんだろうなあと推測される動作を表します。抱きつきもせずにただ心

中で密かにかわいいと思っているだけでは「かわいがる」ことにはなりませんし、心中でどう思っているかはその人以外はだれにも知り得ないことです。「ている」も結果としては「がる」と似た効果を持つことがあります。「うれしがっている」という、外部からはっきり分かる動作なら、私は「みたい」や「そう」を使わず言い切ることができるわけです。

問題2 次の文が不自然なら、直しなさい。
(1) a. あんなことまでしていただいて、私も田中さんにお礼が言いたいですよ。
    b. あんなことまでしていただいて、弟も田中さんにお礼が言いたいですよ。
(2) a. 私はゆっくり休める時間が欲しいですね。
    b. 弟はゆっくり休める時間が欲しいですね。
(3) a. 実は私も、犯人は田中さんだと思います。
    b. 実は弟も、犯人は田中さんだと思います。

解説 やはり先程の問題1と同じで、(1)の a は自然ですが、b は不自然ですね。直し方はいろいろありますが、例えば「言いたがっていますよ」などに直せばいいでしょう。なお、この時「お礼が」の「が」を「を」に直すことも忘れないでください。

(2)も同じことで、a は自然ですが b は不自然ですね。「～時間を欲しがっていますね」などに直せばいいでしょう。

(3)もやはり a は自然ですが b は不自然ですね。では、b はどう直せばいいでしょうか？ これまでに説明した述語「うれしかった」「言いたい」「欲しい」がすべて**形容詞**であるのに対して、(3)の述語「思います」は**動詞**です（形容詞や動詞については第3章で詳しく説明します）。動詞には「がる」は付きませんが「ている」は使えます。そこで、b は「～田中さんだと思っています」のように、「ている」を使って直すことができます。

結局、問題1やこの問題2では、「文 a に比べて文 b が不自然」という現象が成立しているわけです。この現象は「**人称制限**」と呼ばれることもあります。つまり、話し手を一人称、他者を二人称や三人称と考えて、「一人称の感情や信念は a の文で表せる。ところが、二人称・三人称の感情や信念は b の文では表せない。(1)～(3)の文型は一人称専門の文型である」などということがあります。

このような言い方も別に間違いではありません。しかし、「人称」という用語は、別の使い方をされることもあるということを覚えておいてください。「人称」という用語は**文法カテゴリ**として使われることもあるということです。この時、「話し手＝一人称、他者＝二人称・三人称」ということにはなりません。英語などを見るとよく分かるので、例えば雪江という女性

があなたになぜか英語で甘い言葉をささやくとしてみましょう。雪江が"I love you.(私はあなたが好き)"とささやく場合の"I(私)"は一人称です。でも、(英語だとだいぶん変ですが)"Yukie loves you.(雪江はあなたが好き)"とささやく場合の"Yukie(雪江)"は動詞"love"の末尾に"s"が付くように、三人称です。つまり話し手自身だから一人称というわけではないのです。英語などと違って、日本語では人称は文法カテゴリとしては存在しません（文法カテゴリについては第2章で説明します）。

問題3 次の文が不自然なら、直しなさい。
（1）a．私は鉄棒が好きです。
　　　b．弟は鉄棒が好きです。
（2）a．私は逆上がりができません。
　　　b．弟は逆上がりができません。

解説　(1)はaだけでなくbも自然ですね。弟が鉄棒が好きか嫌いかということは弟しか知り得ないことのはずなのに、なぜbはこれまでの問題と違って自然なのでしょう？　人称制限は、なぜ(1)には成り立たないのでしょうか？　なぞを残したまま(2)へ行きます。

　(2)も(1)と同じで、aだけでなくbも自然ですね。逆上がりがこれまで1回もできていないとしても、実はすべて弟の演技なのかもしれません。弟が逆上がりができるかできないかは、弟にしか知り得ないことのはずなのに、なぜbは今までの問題と違って自然なのでしょう？　人称制限は、なぜ(2)には成り立たないのでしょうか？

　難しい問題ですが、原因は、安定性、そして長期的観察の可能性というところにあるようです。「うれしい」「犯人は田中さんだと思う」といった感情や判断は、その人の内心で短時間のうちにころころ変わり得るものです。「はじめはうれしかったが、昔ひどいことを言われたのが急に思い出されてうれしくなくなり、また思い直してうれしくなった」とか、「はじめは犯人は田中さんだと考えていたが、遺留品のなぞに思い至って中村さんだと考え直し、いやそれは違うと思ってまた田中さんだと考えた」といった具合です。それに比べて「好き」「嫌い」といった好みや、「できる」「できない」といった能力は、1分間に2回も3回も変わることは普通なく、それだけ安定しています。好みの例で言えば、鉄棒が好きという弟の心は、半年前の観察（弟は校庭で鉄棒にかじりついていた）、4カ月前の観察（弟は「僕、鉄棒が大好き」と言った）、先月の観察(弟は鉄棒にかじりついていた)というような、長期にわたる観察の対象になり得ます。もちろん、いくら観察しても他者の心は知り得ないという普遍的真実はありますが、他者の心に懐疑的な日本語も、さすがにここまでは普遍的事実を尊重しないということのようです。

応用問題

問題 次の文が自然な状況を考えなさい。
a. あなたは悲しい。
b. 一郎はうれしかった。うれしいと同時に、たまらなく照れくさかった。
c. お父さんもうれしい

解説 「人称制限」の例外を考える問題です。

　aは、例えば、催眠術師がだれかに催眠術をかけている状況を考えてみましょう。この状況では、催眠術師が、例えば次のように言うこともある程度自然に思えますが、どうでしょうか？「ほぅら、あなたはだんだん悲しくなってくる。心の底から悲しくなってくる。そうだ。あなたは悲しい。とてつもなく悲しい。ほぅら、あなたはだんだん泣けてくる……」。

　では、なぜこの状況ではaはある程度自然なのでしょうか？　この状況では話し手（催眠術師）は、自分の知っていることを相手に教え、自分の知らないことを相手から教わるというような、よくありがちなコミュニケーションを行おうとはしていません。むしろ、自分の言葉通りに相手の心を変化させようとしています。自信を持って断言すれば、相手の心はその言葉通りになるわけですから、相手の心について今自分が何を知っているとか、知っていないとかいうことは問題になりません。ですから「人称制限」は働かず、aは自然になると説明できます。

　bは、次のようなテレビのドラマはどうでしょうか？　[　]内はト書きの部分です。

　　一郎：なんだ、こんなもの！
　　　　　［花瓶を床にたたきつける。花瓶、割れる］
　　母：［オロオロして］一郎！
　　　　　［一郎、母の声を無視して表へ飛び出す］
　　　　　［通りを走る一郎。横顔アップ。ほおを涙が伝う］
　　ナレーター：一郎はうれしかった。うれしいと同時に、たまらなく照れくさかった。

　くさいドラマで失礼します。ドラマのナレーターというのは、普通の登場人物とは違って、そのドラマの世界ではちょっと神に近い能力を与えられています。例えば推理ドラマでは、だれもいないワインセラーが画面に映し出されると同時に、ナレーターはこんなことをしゃべることができます。「みんなが『12時には自室にいた』と証言したのは、実はすべて本当だ

った。12時の時点では、ワインセラーにはだれもいなかったのである」なんてね。普通の登場人物なら、自分が自室にいたことは確信できるけど、ほかの人間たちが各自の部屋にいたかどうかは、見ていないのでよく分からないはずなんですが、ナレーターだけはすべてのことをはっきり知ることができるわけです。ですからこの一郎の心もお見通しです。小説では地の文がナレーターとほぼ同じ役割を果たすことがあります。

　Cは、お父さん自身が家の中で自分のことを「お父さん」と呼ぶことがありますよね。これを利用すれば答えはすぐ作れるでしょう。例えば良ちゃんのお父さんが「良ちゃんうれしい？　そう、<u>お父さんもうれしいよ</u>」という、こういったもので十分です。しかし、これだとあまりにも簡単なので、別の答えを考えてみましょう。

　「<u>お父さんもうれしい</u>、ファミリーサイズ」。どうでしょうか？　新聞や雑誌に載っていそうなコマーシャルのコピーです。何のファミリーサイズなのかは、フライドチキンでもドーナツでも、適当に考えておいてください。お父さんはなぜファミリーサイズだとうれしいのでしょうか、ひょっとして大食いなのか、それとも従来サイズと同料金で経済的だからうれしいのか、意味が分かったような分からないようなコピーですが、こういうコピーは世の中にけっこう多いですよね。

　一般にコピーというのは、だれがどんな立場で発する言葉なのかが不明確です。「お父さんもうれしい、ファミリーサイズ」というコピーの話し手もぼやけています。普通の話し手なら、お父さんの心ははっきり分かりませんから、「お父さんもうれしがっている、ファミリーサイズ」と言うところですが、そもそも話し手がぼやけていますから、話し手にお父さんの心が分かるか分からないかということは、どうでもいいのです。

　「お父さんもうれしいんだ、きっと」のように、「んだ」や「のだ」を付けるという手もあります。「んだ」や「のだ」は、＜私は真相について語っていますよ＞という標識みたいなものです。はっきり分からないけど真相はきっとこうだ、という意味で「うれしいんだ、きっと」などと言えるわけです。

　以上、人称制限という現象を見てきました。既に説明した通り、この現象の原因は、「『話し手は自己の心ならはっきり分かるが、他者の心ははっきり分からない』という普遍的真実は、言語によってはかなり忠実に反映される」ということにあります。この原因は「**証拠性(エヴィデンシャリティー)**」と呼ばれることがあります。

要点整理

1. あなたがしゃべる言葉は、さまざまな物事を表すと同時に、それらの物事に対するあなたの感じ方も表す。だからこそ、言葉にはアニマシーやヴォイス、エンパシー、ダイクシス、証拠性などが関わってくる。

2. アニマシーとは、生きている程度である。アニマシーは物理的なものではなく心理的なものなので、時代や地域によって大きく違う部分もある。

3. ヴォイス（態）とは、前景－背景に応じて言語表現が変わるパターンのことである。代表的なヴォイスとしては、能動ヴォイス（能動態）・受動ヴォイス（受動態）・使役ヴォイス（使役態）がある。

4. エンパシー（共感度）とは、身内度のことである。「あげる」と「くれる」の使い分けには、エンパシーが関わっている。

5. ダイクシス（直示性）とは、発話現場を基準にして物事を表現するという、言葉の性質のことである。指示詞の使い分けなどには、ダイクシスが特に強く関わることがある。

6. 証拠性とは、自己や他者の心がはっきり分かる程度のことである。人称制限と呼ばれることのある現象には、証拠性が関わっている。

言語とは何か？

この章の目標

I. 言語を記号の体系と考える見方をきっちり理解する。
II. 言語学の下位分野を具体的にイメージできるようになる。
III.「文法」「機能」という基本用語をはっきり理解できるようになる。
IV. 上の3点を通じて、入門書や参考書、検定試験の文章が理解できるようになる。

　少し一般的な話題に移りましょう。この章では、「言語とは何か？」という問題についてお話しします。
　「言語とは何か？」という問題は、聞くだけで、難しげな雰囲気が漂ってきますね。そこでまず、「言語とは何か？」という問題自体についてお話しします。回りくどいようですが、語学やコンピューターを勉強するのと同じで、少しずつステップアップしていった方が結局は近道だと思います。

第1節 「言語とは何か？」とは何か？

「言語とは何か？」という問題が、どういう問題なのかを考える前に、例えば「ジャズとは何か？」という問題が、どういう問題なのかを考えてみましょう。次の会話を見てください。

【ジャズ通たちのジャズ談義】
A：僕はジャズのレコード8,000枚持ってるんだけど、ジャズって結局は魂の叫びなんだよね。
B：ていうか、俺なんかマイルスとはコレもんでさ、楽屋はいつもフリーパスだったけど、ジャズってやっぱり、その人間の生きざまそのものなわけで……。
C：いや、なんていうのかなあ、俺、ジャズ喫茶30年やってるじゃない？で、近ごろやっとさ、ジャズが見えてきたっていう感じなんだけど、ジャズって心のうねりなんだよな。

　3人のジャズ通たちが、「ジャズとは何か？」という共通テーマで話しています。この共通テーマをもう少し詳しく言うと、「ジャズという音楽は、普段よく分かっているつもりでいても、いざその本質を問われれば、ズバリ言い当てるのは意外と難しい。ジャズの本質とは一体何だろう」という問題です。この問題を、3人が自らの経験に照らして語り合います。こういうふうに、直観的に分かっているけれどもなかなか本質を言い当てられないものについて、その本質をズバリ言い当てようとするための議論を仮に「談義」と呼ぶことにします。今のはジャズ談義です。談義は、やってみるとなかなか楽しいものです。上の3人も、楽しいからこそ談義しているのでしょう。例えば「田中君の魅力って、結局、優しいところでしょ」（これは田中君の魅力談義）のように、私たちだって学校や職場の会話の中では、さまざまな談義をやっているようです。

　こういう談義は楽しいんですが、談義を通じて人が説得されることはあま

りありません。例えば、冒頭の会話に登場した3人のジャズ通は、ジャズとは何かを口々に語っていますが、3人とも、自分の意見がほかの人の意見よりなぜ優れているのかを説明していませんし、そもそも意見の内容は3人ともよく分かりませんよね。Bの答え（ジャズ＝生きざまそのもの）がAの答え（ジャズ＝魂の叫び）と具体的にどう違うのかは、Bには分かっているのかもしれませんが、ほかの人間には分かりません。Cの答え（ジャズ＝心のうねり）がAやBの答えとどう違うのかも、少なくとも私たちにはさっぱり分かりませんよね。

このように、主張している意見の内容が分からないわけですから、3人とも意見自体には何の説得力もありません。そのことを自覚しているからこそ3人は、それぞれ他人を圧倒するようなジャズ歴を披露して、相手をビビらせることでとにかく説得しようとしているのかもしれません。

【私たちは「言語」を知らない】

話をジャズから言語に戻します。「言語とは何か？」という問題は、私たちが直観的に知っているけれどもなかなか本質を言い当てられない言語というものについて、その本質はズバリ何なんだろうかという問題なんでしょうか？　どうもそうではないようです。というのは、そもそも私たちは言語というものを、直観的に知ってなどいないからです。

確かに、日常生活では、「こたつ」「ミカン」「寝る」などと一緒に、「言語」という言葉がたまに使われます。この「言語」という日常用語の意味するところなら、私たちは直観的に知っているのかもしれません。しかし、皆さんがわざわざこの本を読んで勉強しようとしているのは、そういう日常用語の「言語」ではないはずです。日常用語の「言語」とは別に、専門用語の「言語」という訳の分からないものがあって、皆さんはそれを学ぶために今これを読んでいるわけですよね。言語研究者が「言語構造」や「言語獲得」など専門の話をする時に出てくる「言語」、日本語学の本に出てくる「言語」、日本語教育能力検定試験の問題文に出てくる「言語」——こういう専門用語としての「言語」を学ぼうとしているわけですよね。

専門用語としての「言語」がどういうものなのかについては、いろいろな説がありますが、どの説を採るにしても、専門用語の「言語」は実にたくさんの取り決めに基づいています。私たちが直観的に知っているようなもので

はないのです。

基本問題

問題 「言語」かどうか考えなさい。
（1） 原始時代に描かれた壁画
（2） クモザルが仲間Aに対してはA用の声で呼びかけ、仲間Bに対してはB用の声で呼びかける、いわゆるロングコール
（3） モールス信号
（4） 数式

解説 この問題を、まだ私が何も教えていない何人かの大学生にやってもらったところ、(1)～(4)すべて、言語かどうかで意見が割れました。彼らは専門用語としての「言語」など知りませんから、問題文の「言語」を日常用語としての「言語」だと考えて、直観に従って解答したのだと思います。その結果がこれです。日常用語としての「言語」も、実態はそうはっきりしていないわけです。こんなところにも言語談義のタネがあるようですね。

専門用語としての「言語」も、考え方が幾つかありますが、例えば最も一般的な説に従えば、言語と言えるのは(1)～(4)の中に1つもありません。これは、(1)～(4)が言語でないと私たちが直観的に分かるなどということではありません。(1)～(4)が言語でないような形で、言語という専門用語が取り決められているということです。

「言語とは何か？」という問題は、「われわれが直観的によく知っているけれど本質をなかなか言い当てられない言語、その本質とはズバリ何なのか？」という、本質言い当ての問題ではありません。もしもそうなら私たちの議論は談義ということになりますから、私などは(1)～(4)を言語だと思っている人たちを説得するために、ハッタリをかましたり、恫喝したりしなければならないところですが、そんな必要はないと思います。

「言語とは何か？」という問題は、「『言語』という専門用語の内容をどういうものと定義したら、いろいろな物事がすっきり整理できて研究の効率が上がり、便利か？」という、便利さを追求した定義の問題だと思います。ですから、「言語とは○○である」という考えと、「言語とは××である」という考えが出てきた場合、論者同士が「僕は言語学の本を4,000冊は持ってるけど……」のようなビビらせ合いをする必要はありません。今、達成

したい目的を達成するために、どちらの考えが便利か、比較検討するだけでよいのです。

　では、これまでのところ、比較的便利だと考えられている説として、「言語とは**記号**の**体系**である」という考えを紹介しましょう。「記号」の「体系」とは耳慣れない言葉だと思いますし、そもそも他人の考えを勉強するのは、本当に腹立たしく、ストレスのたまるものです。でも、だからといって「私は言語をしゃべりだして今年でもう40年になるけど、言語っていうのは、結局、記号の体系とかじゃなくて、魂の叫びなんだよね」なんて言わないでください。どうしてもそう言いたければ、「言語を記号の体系と考えるよりも、魂の叫びと考える方が、これこれこういった現象がこういうふうに整理できて便利だ」というふうに言ってください。それがきちんと言えれば、（心ある）言語研究者はあなたの話に耳を傾けるはずです。そのためにも、「言語とは記号の体系である」という考え方を、まず知る必要があるでしょう。

第2節 記号とは何か？

　言語という専門用語は、記号の体系として定義したら一番便利だ——今のところの通説はこのようなものです。では、記号とは何でしょう？　「次の問題に記号㈰㈪㈫のいずれかで答えなさい」などという問題文はテストでよく目にしますが、この問題文の「記号」は日常用語です。言語と同様、記号にも日常用語と専門用語があって、ここで問題になっているのは専門用語の記号なのです。専門用語の記号とは、どのようなものなのでしょうか？

【スキーマ】

　ここでまず、**スキーマ**という専門用語を簡単に説明しておきます。例えば、私が道端の生き物を見て「ネコだ」と思えるのは、私の心の中にある、ネコの情報カード（図1）のおかげです。

図1

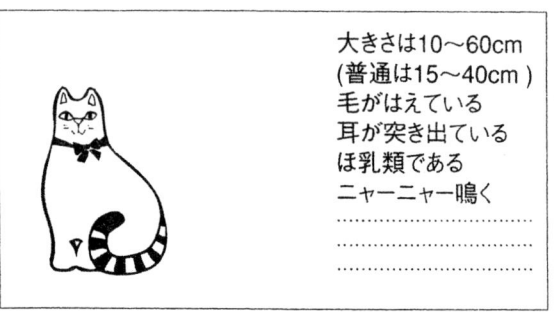

　ネコの情報カードというのは、私の心の中にある情報カードの1枚で、このカードには、ネコというのは大きさはだいたいどれぐらいだとか、毛が生えているとか、耳が突き出ていてこんな顔だとか、ほ乳類だとか、こんな声で鳴くとか、こたつが好きとか、ネコ関連の情報がいろいろ載っています。私の心の中には、こういうネコの情報カードができています。ネコの情報カードだけではなくて、私の心の中には、イヌの情報カード、ちくわの情報カ

ード、貧血の情報カード、走るという動作の情報カードのように、何十万枚もの情報カードができています。私は、自分が見た生き物の情報を、心の中のたくさんの情報カードと照合して、一番ぴったりする情報カードとして、ネコの情報カードを選び出します。「ネコだ」と思うというのは、こういうことです。

　私が生まれた時には、私の心の中には（たぶん）そんな情報カードはなかったわけですが、親に教わったり絵本やテレビで見たり、いろいろな経験を積む中で、どんどん新しい情報カードができてきました。子供の頃は、船関係の情報カードは1枚だけで、どんな船でもそのカードと照合して「船だ」と思うだけで終わったのが、成長するにつれて、タンカーとかタグボートとか漁船とか、船カードの項目のところに、より細かい情報カードが発達してきました。今は「船だ」で終わらなくて、「中型クルーザーだ」なんて、いっぱしのことを思うわけです。また、ウルトラマンとか一角獣とか、非現実世界の住人の情報カードも、テレビや絵本などで経験を積めばどんどんできます。

　スキーマというのは、今説明した情報カードのことだと考えておいてください。つまり、さまざまな経験を通して人間の心に発達し、細分化する情報カードです。スキーマのことを**認知枠**ということもあります。**フレーム**とか**スクリプト**とか呼ばれているのも、だいたい同じものです。

【エティックとイーミック】

　2匹のネコ（AとB）には、体長とか体重とか毛並みとかヒゲの長さとかDNAとか、さまざまな違いがありますが、それにもかかわらず私はネコAを見てもネコBを見ても「ネコだ」と思うことができます。つまり、私の心の中のネコスキーマには、個別具体的なネコ1匹の情報が記載されているのではなくて、そういう個別具体的な違いをどうでもいいものとして切り捨てた、ちょっと抽象的な、ネコ一般のイメージが記載されているわけです。ネコAだって、2時間前のネコAと今のネコAとでは、体重や体温などは機械にかけて測ってみれば微妙に違うはずですが、そういう違いはどうでもいいのです。

　もちろん、ネコAが体重2万トンだったり空を飛んだりすれば、実はネコではないのではないかということになります。体重にしろ行動にしろ何にし

ろ、許容される範囲というものがネコには一応あって、それがネコスキーマには載っています。その範囲内であれば、細かい違いは一応どうでもいいのです。(「一応」というのは、ネコらしいネコと、ネコらしくないネコの違いはやっぱりあるからです。ネコスキーマには体重や鳴き方の許容範囲だけではなく、体重や鳴き方の**典型(プロトタイプ)**も記載されています)

　「ネコAは体重が何キロ何グラム。ネコBは体重が何キロ何グラム」といった物理的なレベル、機械にかけて測ってみることのできるレベルを、**エティック**なレベルと呼びます。反対に、「ネコかどうか」といった心理的なレベル、機械にかけて測れないレベルを**イーミック**なレベルと呼びます。エティックなレベルは、全世界共通です。どの時代のどの国で測っても、2万トンは2万トンです。しかし、イーミックなレベルは全世界共通ではなく、文化ごとに違ってきます。ヤマネコもネコの一種と考える文化があってもいいですし、全然別物だと考える文化もあっていいのです。

【音声と音素】

　ネコAとネコBはエティックなレベルではいろいろ違っているけれども、イーミックなレベルではネコとして同じようにとらえられるわけです。ちょうど同じことが、例えば現代日本語の「イ」にも成り立ちます。

　「イ」「イ」と2回、完全に同じように続けて言ったつもりでも、機械にかけて測ってみると、2つの「イ」はいろいろな点が違います。最初の「イ」は長さが0.756秒だったけれども次の「イ」は0.823秒だった、強さやフォルマントの点でも2つの「イ」はこう違ったというような、さまざまな違いがあります。厳密に同じ「イ」を繰り返して言えるなどということは、確率ゼロとは言いませんが、まずない話で、私たちのしゃべる「イ」は、しゃべるたびにいろいろ違っているわけです。

　しかし、そのようなエティックな違いがあるにもかかわらず、私たちはそういう違いに気付くことはほとんどありません。長さや強さ、フォルマントが多少違っても、そういう違いはイーミックなレベルでは切り捨てられ、「消化器官の一種で、ストレスに敏感な部分(つまり胃)のことを言っているんだな」なんて、すぐ分かります。

　つまり、日本語文化に生まれ育ってきた私たちの心の中には、/イ/というスキーマが作られています(以下、慣例に従って、音素をローマ字表記しま

す)。 /i/のほかに/a//u//e//o/というスキーマもあります。日本語には、母音については、/a//i//u//e//o/という5つのスキーマがあり、私たちは、自分が聞いた母音を、この5つのスキーマのどれかに当てはめて理解するというわけです（図2）。

図2

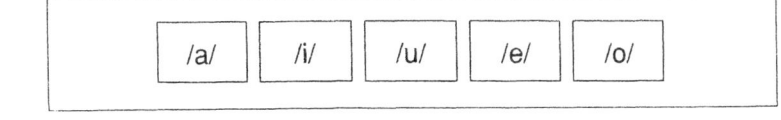

このスキーマを「**音素**」といい、具体的で物理的つまりエティックな「**音声**」と区別します。音声は［　］（これをブラケットといいます）でくくって表し、音素は／　／（これをスラッシュといいます）でくくって表します。

なお、子音に関しても日本語は20個弱のスキーマ、つまり音素がありますが、ここでは触れません。

【文字と文字素】

音声－音素の関係にちょうど対応するものとして、**文字－文字素**があります（文字素は「字素」「字体」ということもあるようですが、ここでは文字素で通すことにします）。　文字はエティックで、文字素はイーミックです。「い」「い」と2つの文字を完全に同じように書いても、機械で厳密に測定してみると、線の長さや太さ、濃さなどが微妙に違っていることでしょう。これはエティックなレベルでの違いです。しかし、イーミックなレベルでは「胃のことを言っているのだ」と分かりさえすれば、そんなエティックな違いは捨て去られて、2つの「い」は同じようなものとして、心の中の1つのスキーマに当てはめられます。そのスキーマが文字素です。私たちの心の中には、音素と同様、文字素というスキーマがたくさんあるわけです。ただし、この本が紹介する、西欧を中心に発達してきた言語学では、文字や文字素の研究は残念ながらさほど進められていないので、この本でも文字や文字素については以下、あまり触れることはありません。

【記号】

ようやく準備が整ったので「**記号**」の説明に入ります。**ソシュール**という

人によれば、記号とは**意味**と**形式**の合体物ということになります。意味も形式も専門用語ですので、「いや、そもそも意味とは一体何であろうか……」なんて、ここで深く考え込まないでください。具体例から話していきましょう。

ここで意味というのは、例えばネコスキーマやウルトラマンスキーマのことです。意味のことを難しげに**所記**や**シニフィエ**などと呼ぶ本もありますが、気にしないでください。

ここで形式というのは、例えば音素や文字素です。形式のことを難しげに**能記**や**シニフィアン**などと呼ぶ本もありますが、これも気にしないでください。

例えば、形式である音素/i/と、意味である胃スキーマとが合体すれば、図3のようなものができます。これが「胃」という記号です。

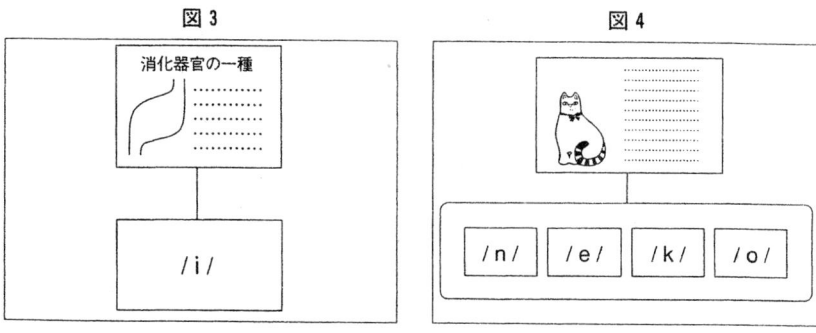

例えば、形式である音素/n//e//k//o/がこの順で集まって大きなまとまり（このまとまりを音韻といいます）になり、これが、意味であるネコスキーマと合体すれば、図4のようなものができます。これが「ネコ」という記号です。

記号というものにもう少し慣れてきたら、よく使われる、葉っぱみたいな図（図5 a）で簡単に描くことにします。図5 bは記号「胃」、図5 cは記号「猫」です。

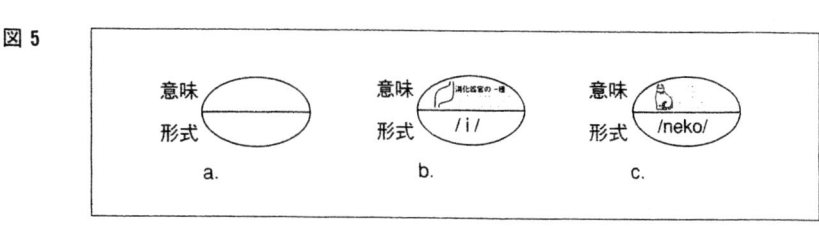

記号の具体例を説明したところで、意味と形式をもう少し一般的な形で説明しておきます。胃スキーマが音素/i/によって表されるように、意味とは形式によって表されるもののことです。音素/i/が胃スキーマを表すように、形式とは意味を表すもののことです。意味も形式もイーミックなもので、これら2つが合体したものが記号です。

　例えば現在の日本では、モヒカン刈りという髪型（形式）は、パンク系音楽志向という意味を表している場合があります。このように形式は、音素や文字素とは全然違うこともあります。

　形式の中でも、音素や文字素(や、そのまとまり) を特に**言語形式**と呼ぶことがありますが、簡単に**形式**で済ますこともあります。言語形式と意味が合体してできる記号を、特に**言語記号**と呼ぶことがあります。

　言語記号が分かったところで、言語記号の構成要素である意味について、もう少し説明します。まず言いたいのは、意味はイーミックなスキーマなので、文化ごとに違うということです。

【意味の変異可能性】

　例えば、多くの人間には両手両足で20本の指があります。これはエティックな、全世界共通の事実ですが、この20本の指が何種類に区分されるかはイーミックなレベルの話で、文化によって違ってきます。日本語やトルコ語は、両手であろうが両足であろうが特に区別せず、全部1枚のスキーマ（指スキーマ）に当てはめますが、英語ではしばしば手の指は親指（"thumb"）とほかの指（"finger"）に二分され、足の指（"toe"）と合わせて合計3枚のスキーマになります。

　逆に、日本語が物事を細かく分類し、たくさんのスキーマを持っていることもあります。英語の"hot"は、日本語では「熱い」「暑い」「辛い」などいろいろ区別されます。また、日本語には、同じ魚でも成長の度合いによって呼び方（つまり言語形式）が違う「出世魚」がいろいろあります。例えば「ワラサ」「ツバス」「ハマチ」「ブリ」などはすべて同じ魚を呼んだもので、英語なら"yellowtail"で済ませてしまうところです。（伝統的な）日本語話者は、魚の成長の度合いを細かく見る目を持っているのでしょう。もちろん、英語話者だって、"yellowtail"を成長の度合いに応じて区別しようと思えばで

きるけれども、細かい違いにはなかなか注意しないし、時には、注意していても見過ごしてしまうことがあるということです。このような違いは、日本語文化は魚と深く関わってきたけれど、英語文化はそうではないという形で、説明できるのかもしれません。

【イヌイット語の雪】

　しかし、このような説明方法、つまり「○○文化は××と深く関わってきたから、○○人は××を見る目が高度に発達している。従って○○語では××は細かく分類され、たくさんの言語記号ができる」という説明方法は、一見したところでは大変もっともらしいのですが、いつも完全にうまくいくとは限りません。

　このことを教えてくれる有名な例が「**イヌイット語の雪**」というエピソードです。イヌイット（昔の「エスキモー」）語では、「雪」という意味が非常に細かく細分化されていて、400を超える言葉があるとさえいわれていました。そして、「イヌイット文化は雪と深く関わってきたから、イヌイット人は雪を見る目が高度に専門化されている。従ってイヌイット語では雪は細かく分類され、たくさんの言語記号ができている」という具合に説明されていました。

　ところが、実はイヌイット語には「雪」を表す言葉は多めに数えてもせいぜい1ダースぐらいしかなく（これだと英語と大して変わりません）、あまり正確でない引用が繰り返されるうちに数が勝手に増えていっただけだということが後になって分かったのです。あのもっともらしい説明は、一体何だったのかということになります。意味が文化に影響されることは確かなのでしょうが、その実態は私たちが理解する以上に複雑なのかもしれません。

　これまでお話ししてきたことをまとめると、意味は文化によっていろいろ違うということです。いろいろ違うということを「**変異可能性(バラエティー)を持っている**」などということがあります。

【意味の普遍性】

　もっとも、意味は変異可能性を持っていると同時に、ある程度の**普遍性**をも持っていると考えられています。普遍性というのは、時代や地域を問わず

共通ということです。つまり、意味には一定の普遍的な枠が決められていて、その枠の外に出ることはないけれども、その枠の中の範囲で、文化によっていろいろ違うという考えです。

例えば「**基本色彩語**」と呼ばれる語を見ると、何語であれ必ず「白」と「黒」があるということが分かっています。基本色彩語が3つある言語は必ず「白・黒・赤」で、「緑・金・茶」のような組み合わせはないとされています。4つ目の基本色彩語になって初めて「緑」か「黄」という選択肢が出てきます。

【言語形式の変異可能性】

意味と同じように音素もスキーマですから、やはり変異可能性と普遍性を持っています。3つの音声 [k] [kʰ] [g] を例にとって説明してみましょう。

まず、[k] とはどんな音声かというと、例えば「恋」[koi] という音声から「老い」[oi] という音声を引いた残りの音声です。不正確を承知で、あえて普通の日本語の文字で書けば「クッ」となるもので、これを正確に書くと [k] になります。

音声 [kʰ] とは、[k] と言いつつ、大きく息を吐く音声です。あえて書けば「クフッ」となります。

音声 [g] とは、例えば「害」[gɑi] という音声から「愛」[ɑi] という音声を引いた残りの音声で、あえて書くと「グッ」となる音声です。

日本語では、音声 [k] と [kʰ] は、同じ音素に当てはめられます。ある音声Xが、ある音素Yに当てはめられることを、「音声Xは音素Yの**異音**である」といいますから、音声 [k] と [kʰ] は、同じ音素の異音になります。他方、音声 [k] と音声 [g] は、別々の音素の異音になります。ところが、中

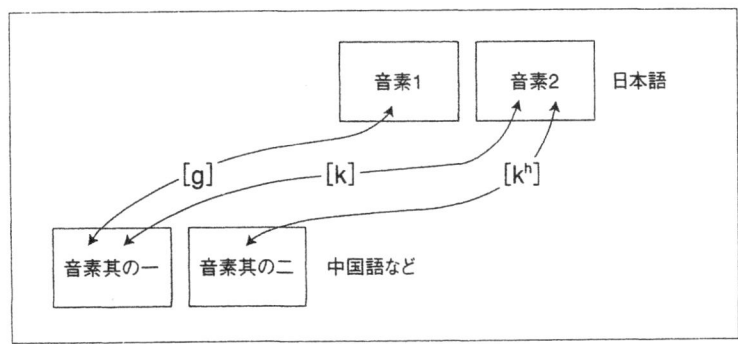

図6

国語や韓国語やタイ語ではちょうどこの逆です。音声 [k] と [kʰ] が別々の音素の異音で、音声 [k] と音声 [g] は同じ音素の異音になります。

あなたには、[k] と [g] は努力しなくても全然違う音声として聞こえますし、[k] と [kʰ] は大して変わらない音声として聞こえているわけですから、[k] と [kʰ] を聞き分けておきながら [k] と [g] を聞き分けない中国語や韓国語やタイ語のことを「変なの！」と思うかもしれませんが、向こうの人も日本語のことをちょうど同じように思っています。

つまり、「[k]－[kʰ] の違いと、[k]－[g] の違いとは、どちらがより重大か？」という問題はイーミックなレベルの問題であって、文化ごとに答えが違っていいわけです。エティックなレベルでは、違いはただの違いであって、重大という概念もありません。

【言語形式の普遍性】

しかし、このような変異可能性も、やはり普遍性の枠の中でのものだと考えられています。例えば、子供が心の中で音素を発達させ、細分化していく過程には、時代や地域を問わず共通した、一定の流れがある（/p//a/→/p//m//a//i/→/p//m//a//i//u/）といわれていますし、そのほかにも、幾つかの**含意の法則**がヤーコブソンという人によって発見されています。含意の法則というのは「もし、これこれこのようなことが成り立つなら、必ず、これこれこういうことも成り立つ」といった形の法則で、別に音声や音素に限ったものではありませんが、例えば「もし有声音の音声同士が区別され、別々の音素の異音になるなら、必ず無声音の音声同士も区別され、別々の音素の異音になる」「もし摩擦音の音素があれば、必ず、同じ調音点の破裂音の音素も存在する」といった法則があります。

【音素分析】

付け足しですが、「音声Aと音声Bが同じ音素Xの異音である／ないということは、どうやって調べたら分かるのか？」という問題に、少しだけ答えておきます。調べ方はほかにもありますが、代表的なものとして**ミニマルペア（最小対）**を使う方法を紹介します。

ミニマルペアというのは、例えば [kɑi] と [gɑi] のように、言語形式の違いが１カ所だけで、意味が明らかに違うペアのことです。[kɑi] と聞くの

と、[gai]と聞くのでは、(「会」と「害」のように)全然別の言葉を思い浮かべますよね？ [kai]と[gai]では、違いは冒頭の1カ所しかありませんから、そこのところ(音声[k]と音声[g])が私たち現代日本語話者にとってはっきり違うわけです。つまり音声[k]と[g]は、別々の音素の異音なわけです。それに対して、[kai]と[kʰai]はミニマルペアではありません。[kʰai]の方が勢いがあるなどと思うかもしれませんが、(「会」なら「会」というように)[kai]と[kʰai]は同じ言葉しか思い浮かびませんから、[k]と[kʰ]は、自由に入れ換えできる、同じ音素の異音同士の関係(**自由変異**)だと分かります。

　ミニマルペアなどを使って、音素を突き止めることを**音素分析**といいます。音素分析というのは、音素を分析してもっと細かいものにばらすということではありません。音声を分析して、音素を突き止めることです。数学の「因数分解」が、数式を分解して因数を突き止めることを指すのと、同じです。成分分析も、ものを分析して成分を突き止めることですよね。

【意味と言語形式の合体方法】

　意味と言語形式が合体すると言語記号ができますが、ただ合体すればできるというわけでは必ずしもありません。少なくともソシュールの考えでは、合体は**恣意的・無契的**なものでなければなりません。つまり**類像的・有契的・アイコニック**であってはいけません。「恣意的」と「無契的」は同じ意味で、「類像的」と「有契的」と「アイコニック」も同じ意味ですが、これらはよく使われるので、ここでは全部挙げておきます。

　まず、**類像的・有契的・アイコニック**ということの具体例を説明します。例えば日本語の「火」という語は、火ということを意味するのに、まさに火がたき火でおこっているような絵からできた文字素(つまり形式)を使って

図7

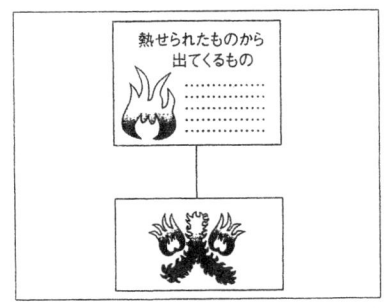

います（図7）。いわゆる**象形文字**というものですね。

　日本語を知らない人でも、勘が非常によい人なら、ひょっとしたら形式から意味がだいたい想像できるかもしれません。この「火」はけっこう類像的・有契的・アイコニックです。つまり類像的・有契的・アイコニックというのは、この意味とこの形式が合体するのは必然的理由がある、ということです。

　別の例を出しましょう。クッキーの詰め合わせなどに入っている、衝撃緩和用のビニールシートを「プチプチ」という人がいます。気泡をつぶすとプチプチという音がするからでしょう。ですから「プチプチ」という語もかなり類像的・有契的・アイコニックです。

　「火」や「プチプチ」のような、類像的・有契的性格つまりアイコニシティーの強い語に比べると、私たちが日常使う語の大半、例えば「イヌ」などは、意味と形式の合体の仕方がいかにも恣意的・無契的です。確かに、日本語に慣れ親しんだ私たちには、イヌはいかにも「イヌ」、まさに「イヌ」であって必然的な合体である、これを「イヌ」以外の形式で呼ぶなんて変だと感じられるかもしれません。しかし、例えば英語話者にとっては、あれはまさに"dog"であって、"dog"以外の形式、例えば「イヌ」なんて考えられないわけです。「火」や「プチプチ」にしても、完全に類像的・有契的・アイコニックというわけではありませんが、「イヌ」に比べればずっと類像的・有契的・アイコニックです。

　意味と形式の合体の仕方が（ある程度にせよ）類像的・有契的・アイコニックなものは、ソシュールの用語では「**シンボル**」といって、記号（これは「**シーニュ**」ということもあります）とは区別します。四つ足でワンワン鳴く動物を日本語で「イヌ」と呼ぶのは、日本語社会の取り決めによるものであって、その社会の外にいる人には、何ら必然的でないという具合に、記号は意味と形式の合体の仕方が恣意的・無契的です。

　意味と形式の合体の仕方についての、基本は以上の通りですが、3点だけ補足しておきます。第1点。**認知言語学**という最近の一学派の考えでは、言語記号はソシュールとは違って、基本的にシンボルだということになっています。つまり言語記号の意味と形式の合体の仕方は、基本的には類像的・有契的・アイコニックであり、それが「イヌ」などではよく見えなくなっているだけだ、という考え方をします。「イヌ」がかなり恣意的・無契的であるこ

とは認めるけれども、その恣意性・無契性の土台には類像性・有契性・アイコニシティーがあって、その土台が見えにくくなっているのだと考えるわけです。頭の片隅にとどめておいてください。

　第2点。ソシュールの用語とは厳密には違いますが、意味と形式が完全に類像的・有契的・アイコニックなものだけをシンボルといい、そうでないものを記号ということも実はけっこうあります。この言い方によれば、「火」や「プチプチ」といった語だってある程度は恣意的・無契的ですから、これらを言語記号と呼んでも間違いではありません。

　第3点。実はこのあたりは、分野によってかなり用語が食い違っていて、言語学から一歩外に（具体的には記号論や文学理論の分野に）出ると、これまで学んできた記号のことをシンボルと呼んだり、これまでとは別のものを記号と呼んだりしています。ここでそれら隣接分野の用語まで覚える必要はありませんが、1つだけ知っておいた方がいいと思うのは、ソシュールのいうシンボルのことを、（特に記号論では）**アイコン**と呼ぶことがあるということです。コンピューターをやっている人は、「アイコンをクリック」などとよく聞くと思います。あのアイコンです。あのアイコンは、例えばプリンターというもの（意味）を表すのに、プリンターを思わせる絵（形式）を使っていますから、意味と形式の合体の仕方は象形文字と同様、類像的・有契的・アイコニックです。先程から、「類像的・有契的・アイコニック」とセットで述べてきましたが、この最後の「アイコニック」は、実はこのアイコンから来ているのです。

【言語記号のサイズ】

　ソシュール自身は、**文**などを言語記号とは考えていなかったようです。むしろ文などは「人間が言語記号をどう使うのか？」という、**言語記号使用（パロール）**の問題の中で取り扱われるものであって、**言語記号の体系（ラング）**の問題とは別物と考えていたようですが、現在の認知言語学などでは文なども**合成的な言語記号**と考えられています。その考え方は皆さんにとって有益だと思いますので、以下で単純化して紹介しましょう。（なお、ラングとパロールをあわせて**ランガージュ(言語活動)**ということがあります）

　人間は言語記号を組み合わせて、より大きなサイズの言語記号を作ることができます。上で話してきた言語記号は、「**語**」というサイズの言語記号です。

「**単語**」といっても同じです。語は「**形態素**」という言語記号に**分節**できます（ここで「分節」というのは、分解とほぼ同じ意味です）。形態素は最小サイズの言語記号です。

基本問題

問題1 次の問いに答えなさい。
（1） 語「あおさ」は、幾つの形態素からできていますか。
（2） 「あお」は語ですか、形態素ですか。「さ」は語ですか、形態素ですか。
（3） 語「あおかび」は、幾つの形態素からできていますか。幾つの語からできていますか。

解説　(1)の語「あおさ」は、特定の色彩を意味する言語記号「あお」と、程度を意味する言語記号「さ」に分節できます。「あお」は言語記号ですから、意味（特定の色彩）と形式（/ao/）があります。形式はまだまだ/a/と/o/に分節できますが、意味がついてきません。もしも「『あ』というのは○○という意味を表す言語記号である。『お』というのは××という意味を表す言語記号である。『あ』と『お』が結合すると、意味は○○と××が合わさって、特定の色彩になり、形式は音韻/ao/になる」ということが言えれば、言語記号「あお」はより小さな言語記号「あ」「お」に分節できることになります。しかし現実には「あ」や「お」には、そんな意味はありませんから、言語記号としては「あお」はもうこれ以上分節できません。ですから「あお」は形態素です。同様に言語記号「さ」も形態素です。形式/sa/は/s/と/a/に分節できますが、意味がそれについてきません。意味を持っている最小の言語記号が形態素なのです。

　　(2)の「あお」も「さ」も先に述べたように形態素ですから、問題は、語かどうかです。形態素だからといって、語でないとは限りません。形態素でもあるし語でもあるという言語記号はざらにあって、「**単純語**」と呼ばれています。

　　語というものは定義が非常に難しくて、一度考えだすとやみつきになってしまいます。昔はりっぱな社会人だったのに、この問題にとりつかれてとうとう大学院に入院してしまい、そのままずるずる言語学者になってしまった人もいます。それではいけませんので、この本では「語とは、それだけで1つのセリフになるもの」と考えておきます。「好きな色は？」と聞かれて「あお」と答えるように、「あお」はそれだけで1つのセリフになり

ますから、語です。結局は単純語です。では「さ」は語でしょうか？

「日本語の、程度を表す代表的な形態素は？」なんて聞かれれば、「さ」と答えないこともないでしょうが、そんなマニアックな会話が成立するのはせいぜいあなたと私の間ぐらいです。普通「さ」というのは、それだけで1つのセリフになりませんので、語ではありません。

語でない形態素は「**接辞**」と呼ばれ、現れる位置によって「**接頭辞**」「**接尾辞**」と分かれます。「さ」は「あおさ」のように、後ろに現れるので接尾辞です。「こぎれい」「こにくらしい」などの「こ」は、前に現れるので接頭辞です。ほかの言語記号の真ん中に現れる**接中辞**というのも一応ありますが、現代日本語にはありません。接辞が付いてできる語は「**派生語**」と呼ばれます。

(3)ですが、今述べたように、「あお」は単純語、つまり形態素であり語です。「かび」は、これ以上小さいサイズの言語記号に分節できないので形態素です。そして、「何それ？」「かび」のように、それだけで1つのセリフになるので語でもあります。結局、単純語です。ですから「あおかび」は2つの語からできていると言えます。このように、語同士が組み合わさってできる語を「**複合語**」と呼びます。「**合成語**」と呼ぶ人もいますが、この本では「合成語」は、単純語でない語の意味で用います（図8）。

図8

```
語（それだけで1つのセリフになれる）
├─単純語（1つの形態素でできている語）：「あお」「かび」
└─合成語（1つの形態素でできていない語）
  ├─派生語（接辞付加による合成語）：「あおさ」
  └─複合語（語でできている合成語）：「あおかび」
```

語が集まると文ができます。文の定義も大変厄介な問題で、うっかりはまってしまうとやはり言語学者に身を落としかねませんので、ここでは仮に「。」「？」「！」などで終わるもの、という定義でとめておきます。語と文の間には、**文節**とか**句**とか**節**とかいった中間段階があるのですが、ここでは省きます。

文が集まると**談話**というものができます。「はい。どちらさまですか？」というのも談話ですし、「はい。どちらさまですか？　あら祥子じゃない！」というのも談話です。「はい。どちらさまですか？」「祥子で～す！」という対

話も談話です。談話というのは最大サイズの言語記号で、談話が集まっても談話ができるだけです。ここでいう「談話」も専門用語ですから、「大臣の談話がとれた」のような、日常用語「談話」のことは一応横に置いておいてください。談話というものには話し手とか聞き手とか場面とか、言語記号でないものがいろいろ入っていて、もはや言語記号とは呼べないという考えもあるのですが、ここでは便宜上、談話も言語記号に入れておきます。

【言語学の下位分野】

　以上で紹介した、言語記号のサイズ（形態素〜語〜文〜談話）に応じて、言語学はさまざまな下位分野に分かれています。語の内部構造を調べ、語がどういう形態素からどうできているかを明らかにする分野を**形態論**といいます。文の内部構造を調べ、文がどういう語からどうできているかを明らかにする分野を**統語論**といいます。談話の内部構造を調べ、談話がどういう文からどうできているかを明らかにする分野を**談話文法**といいます。

　また、「形態論・統語論・談話文法」という分類と交わる分類ですが、言語記号の意味面に重心を置いて内部構造を調べる分野を**意味論**と呼び、言語記号の形式面（つまり音素・音韻面）に重心を置いて内部構造を調べる分野を**音素論**や**音韻論**などと呼びます。

　統語論と意味論が対比的にとらえられることもありますが、その考え方は後で説明することにして、ここでは簡単な分類になじんでおきましょう。音素に当てはめられる個々の音声がどのような器官をどう使って発せられるのか、などを調べる分野を**音声学**といいます。

　さらに、言語記号の内部構造ではなく、使用法を調べる分野を、**語用論**と呼びます。語用論は、「この言語記号は、どういう構造か？」という問題に答える分野ではありません。「この言語記号は、どういう人間がどういう場面で、どういう目的で使えるか？」という問題に答える分野です。

　では、言語学のいろいろな分野を、具体的に少しだけ体験してみましょう。

基本問題

問題2 次の問題は、どういう分野の問題か考えなさい。

（1）「ひと」+「ころし」はなぜ「ひところし」ではなく「ひとごろし」なのか。

（2）次の文章は、なぜ自然でないのか。

「スクリップス・オニールには妻が2人いた。チップをやるべきかやらざるべきか。丘には邪悪な白い獣のように夜明けが忍び寄り、トゲだらけの黒い枝の間を縫って、風がうなり声を上げながらそれに続いた。私が18になった時、両親は私をウェールズの実家に呼び戻した」

（3）「僕はウナギだ」と、どんな時に言えるか。

（4）「それは本当ですか？」「それは本当か？」は両方自然なのに、「それは何ですか？」と違って「それは何か？」が会話の中で不自然なのはなぜか。

（5）「私は村田です」と、どんな時に言えるか。

（6）次の文章は、なぜ自然でないのか。

「野原は小さな雨を買う。雨ははねる。それは震えるベルトに付いている騒がしい空を焼く。その下には黄色い風が埋められる。震えるベルトの上でだれかが凍りつく。それでベルトは死ぬ。それがふざけた野原を凍らせる」

（7）「人食い」はなぜ「人が食うこと」という意味ではなく、「人を食うこと」という意味なのか。

（8）「ええと」や「あのー」などには、使い分けがあるのか。

解説 (1)で取り上げられているのは、「2要素から合成される合成語において、後部要素の最初の音が濁る」という現象で、**連濁**と呼ばれています。「ビニール」+「ふくろ」で「ビニールぶくろ」、「きつね」+「かり」で「きつねがり」というのも連濁です。これは、合成語「ひところし」の内部構造を、特に形式面を中心に調べようという問題ですから、形態論の問題であり、音韻論の問題であると言えます。

(2)の1つ1つの文は完全に自然な文ですが、文と文の間に脈絡（これを**結束性**といいます）が全くなく、その結果、まともな人間が発しそうな自然な談話ではなくなっています。自然な談話というものは、文と文の間に結束性があるものです。その結束性が具体的にどういうものなのかは、難

しい問題ですが、(2)の問題は談話文法の問題といってよいでしょう。
　(3)の文は、僕は今まで人間のフリをしていたけれども実はウナギだ、と告白したい場合にも言えますが、そのほかにも、みんなで定食屋に入って順番に注文していく場合などにも言えるでしょう。こういうことは日本語社会では当たり前に思えますが、後者の用法は（白人の）英語には（あまり）ないといわれています。これは文の使用法を調べようという問題ですから、語用論の問題です。
　(4)の「それは本当か？」というのは、女の人はあまり言わない感じですが、男性が仲間や目下の者に発する問いとしてはよくあるでしょう。しかし「それは何か？」というのは、普通会話の中では出てきませんね。「はい」「いいえ」で答えられる疑問文（イエス・ノー疑問文）と違って、「○○です」と答えなければならない疑問文（WH疑問文）は、丁寧でない普通の文体の場合は「か？」で終わりにくいのです。これがなぜかは置いておきますが、こういう問題は、「か」の意味に関わってきますから、統語論の問題でもあり、意味論の問題でもあるということになります。
　(5)の文は意外に用法が限られています。好きな野球選手を順番に挙げていって佐藤さんが「私は村田です」と言う、などの用法はもちろんあるのですが、肝心の村田さんが使う場面はそうありません。例えば、村田さんが外から自分の職場に電話した場合、普通は「村田です」と言いますよね。「私は村田です」なんて、言わないのではないでしょうか？　「私は」とくれば「村田といいます」のように、初対面の相手用の言葉を続けるのが普通ではないでしょうか？　いや、どうなんでしょう。いずれにしろ、これも語用論の問題ですね。
　(6)も、先程の(2)も、ジョンソン＝レアードという研究者がこしらえた文ですが、(6)は(2)と違って、文と文の結束性がけっこうあります。はねる雨というのは野原が買った雨のことでしょうし、その雨がはねた結果、ベルトに付いている空が焼け、その空の下で風が埋められます。そして、今のベルトはだれかが凍りつくために死に、そのために、最初述べた野原が凍るということでしょう。この談話が不自然なのは、結束性の問題ではなくて、1文1文の問題です。例えば冒頭に「野原は小さな雨を買う」とありますが、野原というのは普通、買うという動作の主体にはならないし、雨も買うという動作の客体にはなりません。そもそも雨に大小はありません。このような意味の食い違いを、**選択制限の違反**ということがあります。(6)の問題は、実は談話文法の問題ではなくて、統語論の問題であり、選択制限の違反という意味論の問題であったわけです。
　(7)は、確かに、私がウナギ定食を食べても「人食い」にはなりません。「人食い」というためには、殺される方（つまり客体）が「人」でなければなりません。殺す方（つまり主体）は人でも熊でも、何でもいいわけです。「文化祭のゲテモノぐい大会は、土食いの部とか、虫食いの部とか、種目が

いろいろ分かれていた」と言えば、「虫食い」は虫を食うことですが、「服に虫くいができた」と言えば、「虫食い」は虫が食うこと（もう少し正確に言えば、虫が食った結果の穴）です。「人食い」と「虫食い」では、何かが違うわけです。「芸者遊び」とは言えても「客遊び」とは言えないことも、関係してきそうです。しかし、そういうことはここではどうでもいいわけで、「人食い」という合成語の内部構造を、特に意味面を中心に調べようという問題ですから、この問題は形態論の問題であり、意味論の問題なわけです。

　(8)ですが、「ええと」と「あのー」にはもちろん使い分けの基準があります。「134足す256は？」と言われて、「ええと、390」と答えるのは自然ですが、「あのー、390」と答えるのは、ちょっと不自然ですよね。「ええと、窓を開けてもらえますか？」というのはあまり丁寧ではありませんが、「あのー、窓を開けてもらえますか」というのは割と丁寧な気がしますね。簡単に言うと、「ええと」は、自分がこれからしゃべる内容を考えるのに手間取っている時に使います。「あのー」は、自分がこれからしゃべる言い方を考えるのに手間取っている時に使います。こういうのは、もちろん語用論です。

【スキーマティックな言語記号】

　これまでお話ししてきたことを、まとめてみましょう。大きな言語記号として、図9a「木か？」を例にとってみますと、

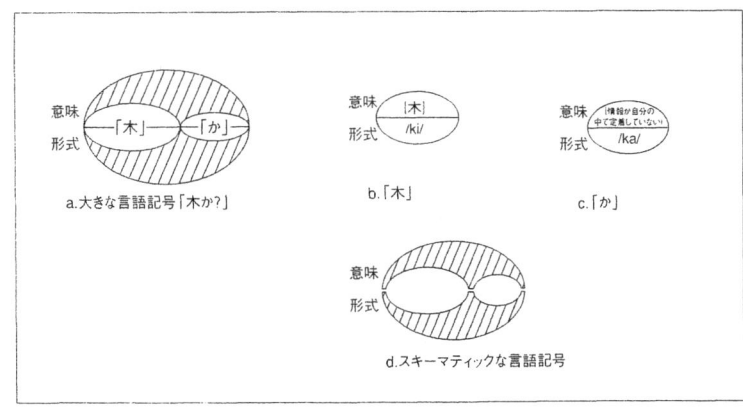

図9

a．大きな言語記号「木か？」　　b．「木」　　c．「か」

d．スキーマティックな言語記号

この言語記号は、いろいろな部品（図9b「木」、図9c「か」、図9d斜線部分）が集まってできているわけです。言語記号「木」の意味は、植物の一形態でたいてい幹があって……といったものです。厳密に言うのは難しいので、こ

こでは便宜上 {木} としておきます。形式は/ki/です。言語記号「か」の意味は、これもやはり難しいのですが、{情報が自分の中で定着していない} としておきます。形式は/ka/です。

多くの言語研究がこれまで集中してきたのは、「形態素や単語のような小さな言語記号(図9ｂ「木」や図9ｃ「か」)がどのように組み合わさって、文のような大きな言語記号(図9ａ「木か？」)ができるのか？」という問題です。そのため図9ｄの斜線部分は、あまり注目を集めてこなかったのですが、この斜線部分もやはり意味と形式が合体してできていますから、記号、それも**スキーマティックな（つまり枠組み的な）言語記号**として、最近注目されています。ここでいうスキーマティックな言語記号とは、内部に小さな言語記号が収まる、枠のような言語記号のことです。スキーマティックな言語記号の「穴」に、小さな言語記号が収まる様子を書くと図10ａのようになります。

図10

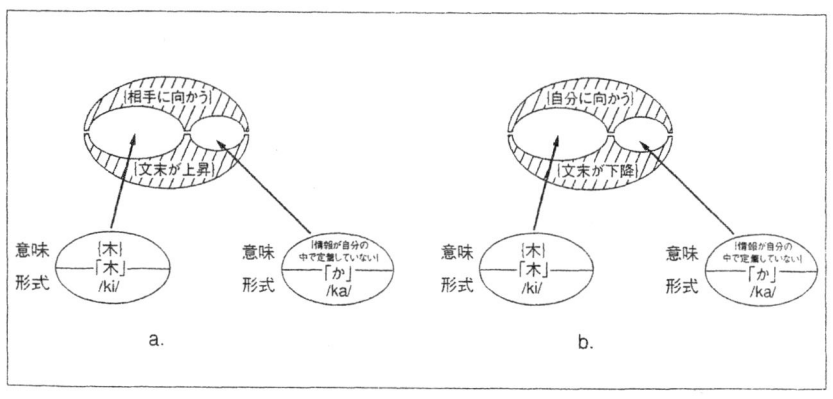

図10ａのスキーマティックな言語記号のうち、意味の部分とは何かというと、なかなかこれが難しいのですが、ここで簡単に言ってしまうと、{相手に向かう} というようなものです。形式の部分とは何かというと、これも難しいのですが、あえて言い切ってしまうと、文末が上昇するというようなものです。このスキーマティックな言語記号に、言語記号「木」と言語記号「か」が収まります。

全体としては、意味は {木であるという情報が正しいかどうか自分では分からないので、相手に問い合わせる} というものになります。{問い合わせ

る｝という意味は、「か」の意味ではなく、「か」の意味がスキーマティックな言語記号の意味と合体してできているものです。形式は/kika/で、/ka/末尾が上昇します。つまり「ノ」になります。

　スキーマティックな言語記号は、図10ａで見た以外にもたくさんあります。次に、意味が｛自分に向かう｝というもので、形式が末尾下降というスキーマティックな言語記号を考えてみましょう。このスキーマティックな言語記号に、言語記号「木」と言語記号「か」が収まったのが図10ｂです。この時、全体としての意味は、｛木であることを自分で今はじめて納得する｝というものになります。例えば、開発中の製品の材質にあれこれ悩んでいる時、何気なく植林の話を聞いて「そうか。木か！」と思わずポンと手を打つ場合がこれに当たります。この場合、別にだれに問いかけているというわけでもなく、自分に向かってつぶやいているのです。この意味は、｛木｝と｛情報が自分の中で定着していない｝と｛自分に向かう｝が合体してできたものです。全体としての形式は、/kika/で、/ka/末尾が下降します。つまり「ヽ」になります。

【スキーマティックな言語記号は大事だ】

　スキーマティックな言語記号は、とても大事なものです。このことは、「雨！」のようなものを考えてみればよく分かります。「雨」は１つの形態素ですが、１つの語でもあり（つまり単純語であり）、ここではさらに、１つの文になっています。この文の前後に何もなければ、この文だけで１つの談話と考えられるかもしれません（図11）。

図11
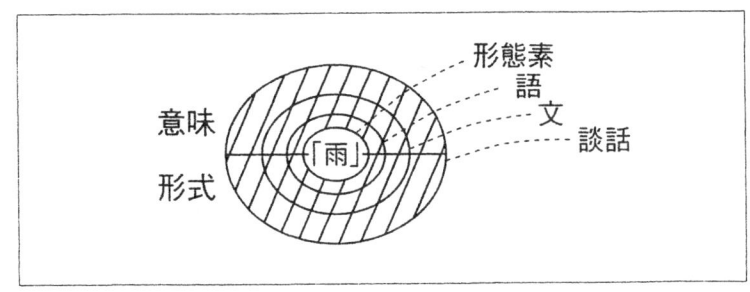

　上では、文というのは語が「集まって」できるとか、談話というのは文が「集まって」できるとか言ってきましたが、それは厳密には正しくありません。

1つの形態素だけでも語ができるように、1つの語だけでも文はできます。1つの文だけでも談話はできます。「形態素か語か文か談話か」という言語記号のサイズを決めるのは、要素の数（1つしかないか、たくさん集まっているか）ではありません。スキーマティックな言語記号です。形態素が1つだけでも、それが語用のスキーマティックな言語記号にはまっているなら、全体としては語です（図12）。語が1つだけでも、それが文用のスキーマティックな言語記号にはまっているなら、全体としては文です（図13）。文が1つだけでも、それが談話用のスキーマティックな言語記号にはまっているなら、全体としては談話です（図14）。

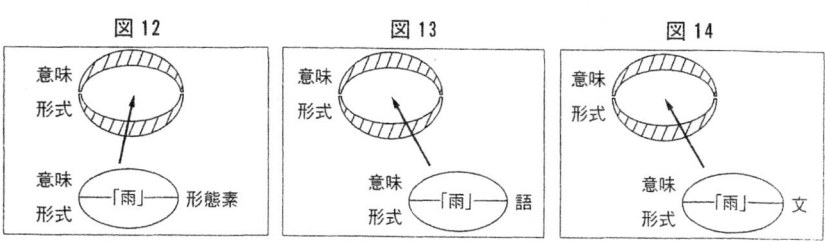

ここでちょっと、第1章のことを思い出してみましょう。第1章では、例えば「私が泥棒に財布を盗まれる」のような、持ち主の受動文を少し勉強しましたよね。結局あの話はどんな話だったかというと、持ち主の受動構文という**構文**は、「XがYにZを〜される」という形式をしていて、「Y（泥棒）がZ（財布）を〜し（盗み）、Z（財布）を所有しているX（私）がそのために影響を

被る」という意味だ、という話だったわけです。つまり持ち主の受動構文というのは、意味と形式の合体物で、内部にX、Y、Zなどの小さな言語記号が収まる、スキーマティックな言語記号なのです。

　持ち主の受動構文に限らず、私たちが構文と呼んでいるものは、結局スキーマティックな言語記号なのです。「構文に単語をはめこむ」などと時々言いますが、スキーマティックなイメージは、まさにそのイメージです。

　では次に、スキーマティックな言語記号の、特に形式面を見てみましょう。これは**プロソディ**または**韻律**と呼ばれています。

【プロソディ（韻律）】

　一言で言うと、プロソディというのは、音素同士のつながりのパターンです。1つ1つのバラバラな音素同士が、どんなふうにつながっているのか、そのパターンをプロソディと呼ぶわけです。音素だとかパターンだとかいうところで分かってもらえると思いますが、プロソディもイーミックなものです。

　現代日本語の東京方言（以下では単に「日本語」といいます）から、例を挙げてみましょう。例えば音素「あ」と音素「お」と音素「い」がつながるといっても、さまざまなつながりのパターンがありますよね。最初の音素「あ」を低く、次の音素「お」を高く、最後の音素「い」を低く、というパターンで「あ」「お」「い」をつなげると、「空の色は青い」という場合の「青い（あおい）」ができあがります。また、最初の音素「あ」を低く、次の音素「お」を高く、最後の音素「い」も高く、というパターンでつなげると、「葵の御紋」などという場合の「葵（あおい）」ができあがります。つまり「青い」と「葵」は、「あ」「お」「い」という構成要素は共通ですが、構成要素同士がつながる際のプロソディが違っているのです。

　プロソディの説明は以上ですが、言語記号にいろいろなサイズがある関係で、プロソディにもいろいろなサイズがあり、それに応じて名称も変わります（**トーン・アクセント・イントネーション**）。これからそれを説明しますが、誤解を防ぐために、あらかじめ断っておきたいことがあります。

　日常会話では「おい、声が高い。人に気付かれないよう声を低くしろ」のように、声の大きさを声の「高さ」として表現することがありますが、専門

用語の「高さ」と「大きさ」は全く別物です。「声が高い」と言えば、文字通り声が高いことしか指しません。文字通りの声の高さを、**ピッチ**と呼ぶこともあります。日常会話では「ピッチを速める」のように、「ピッチ」という単語を速さの意味で使いますが、専門用語「ピッチ」は声の高さしか指しません。では、アクセントから見てみましょう。

【アクセント】

アクセントとは、語サイズのプロソディです。つまり、語の中である部分をほかの部分より特に目立たせるパターンのことです。これには、目立たせたい部分を特に高く発音する方式の高低アクセント（**ピッチアクセント**）と、目立たせたい部分を特に強く発音する方式の強弱アクセント（**ストレスアクセント**または**ストレス**）があります。日本語は高低アクセントを用います。英語は（実は音の高低や長短を用いているらしいのですが）強弱アクセントを用いると書いてある参考書が一般的です。

例えば前に述べた「青い」は、次の図16の左側のような、低高低のアクセントです。それに対して「葵」は、図16の右側のような、低高高のアクセントです。

図16

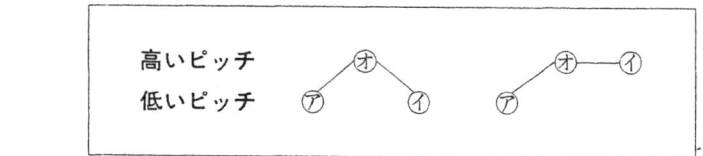

【イントネーション】

では次に、イントネーションを見てみましょう。イントネーションとは文サイズのプロソディで、具体的には文サイズでの高低を指します。

例えば空の色を尋ねられてあなたが「青い。」と答えたところ、それを意外に思った相手に「青い？」と問い直された、という場合を考えてみましょう。相手の「青い？」は、図17の「ぁおぃぃ」のように、上の図16左側のアクセントがそのままイントネーションに反映され、さらにその末尾の「い」が伸びて尻上がりに上昇します。この末尾のイントネーションだけを抜き出すと次の図18のようになります。このイントネーション（上昇調イントネーション）

は先程「相手に向かう」と言ったもので、問いかけという意味の重要な構成要素です。

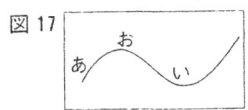

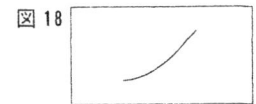

もちろん、「青い?」という相手の問いかけだけでなく、「青い。」というあなたの返答にもイントネーションはあります。このように相手に何かを普通に伝える場合の「青い。」は、なだらかに下降する図19のような情報提供のイントネーション(下降調イントネーション)が図18の上昇調イントネーションにとって代わりますから、全体のイントネーションは図20のようになります。(このあたりの図はピッチの上下をオーバーに書いていることをお断りしておきます。)

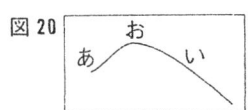

「青い。」と「青い?」は、アクセントは共通です。両者が形式面で違っているところは、末尾のイントネーションだけです。

「青い。」「青い?」と同じことが、「葵。」「葵?」についても言えます。「葵。」の末尾のイントネーションは情報提供の下降調イントネーションですが、末尾までのイントネーションは、「葵」という語のアクセント(図16の右側)を反映した形になり、全体のイントネーションは図21のようになります。「葵?」の末尾のイントネーションは問いかけの上昇調イントネーションですが、末尾までのイントネーションは語「葵」のアクセント(やはり図16の右側)を反映した形になり、全体では図22のようになります。

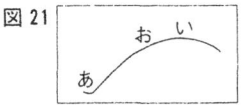

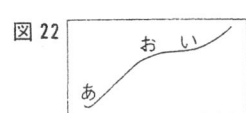

【トーン（声調）】

　語サイズのアクセント、文サイズのイントネーションと見てきましたが、これからもっと小さなサイズのプロソディを見てみましょう。といっても、形態素サイズのプロソディは特にありません。形態素は最小サイズの言語記号だから、ではもう終わりじゃないかと思われるかもしれませんが、まだあるのです。形態素よりももっと小さなサイズのプロソディとして、トーン（声調）があります。

　例えば「あお」のような形態素について「形式面は/a/、/o/と分節できるけれども意味がもはやその分節についてこない」と言ってきましたが、その区切られた/a/なり/o/なり（これを音節といいます）については、まだまだプロソディを考えることができるのです。こういうことは日本語ではちっとも分かりませんが、例えば中国語やタイ語を見るとよく分かります。無理やりに日本語に当てはめて言うと、/i/といっても、「い」というのをただ発すればいいというものではない。例えば「ぃぃ」と尻上がりに言うか、「いぃ」と尻下がりに言うか、「い」という音の出し方（つまり、短い「い」同士のつなぎ方）がいろいろあるだろうということです。

　日本語でも、「ぃぃ」とか「いぃ」とか、いろいろ言おうと思えば言えないことはありませんが、仮にそういう言い方をしても、普通の「いい」という言い方の場合と意味は同じで、胃を指すわけですよね。つまり日本語では、「い」の中で音程を変えても意味は変わりません。ところが中国語などでは、「いい」のような言い方と「ぃぃ」のような言い方と「いぃ」のような言い方で、全然意味が違ったりするわけです。つまり、アクセントよりもっと小さいサイズ（音節）のプロソディが大事なのです。それがトーンです。

　もう少しだけ詳しくお話しするために、まず**モーラ（拍）**と**音節（シラブル）**という用語を見ておきましょう。

【モーラ（拍）と音節（シラブル）】

　モーラというのは、一言で言えば、俳句などで数える単位だと思ってもらえばいいです。「グリセリン」は俳句に使えばそれだけで五・七・五の最初の五が全部埋まりますから5モーラ、「パイナップル」は6モーラ、「日本語教師」は7モーラです。

　音節というのは、モーラと変わらないことも多いですが、モーラよりも大

きな単位です。「ン」や「ッ」や「ー」など（詳しくはここでは言いません）は、それだけで1音節にはなれず、前の音と合わさって1音節になります。では、よく分かってもらうために、ちょっと問題をやってみましょう。

基本問題

問題3 何モーラでしょう？　何音節でしょう？
（1）あ　　（2）か　　（3）かき　　（4）かー　　（5）かっ
（6）かん　　（7）かーん

解説 いかがですか？　モーラは簡単ですよね。(1)(2)は1モーラ、(3)は2モーラ、(4)(5)(6)も2モーラ、(7)は3モーラです。音節はどうでしょう？　(1)(2)は1音節、(3)は2音節で、ここまではモーラと同じですが、(4)(5)(6)は1音節、そして(7)も1音節です。これらを図で書くと、図23のようになります。図23で、「モ」と書いているのはモーラ、「シ」と書いているのはシラブルつまり音節です。

図23
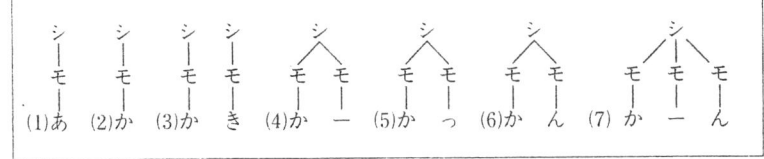

　モーラと音節という2つの単位は、何語にもあるけれども、それがはっきり見えるかどうかはまた別問題とされています。英語は音節という単位がはっきり見えますが、日本語はむしろモーラという単位の方がはっきり見えるので、モーラ言語などと呼ばれます。

　トーンというのは、この音節という単位の中で、音が上下するパターンです。例えば中国語（北京方言）には4つのトーンがあります。つまり、中国語（北京方言）には1音節内部での音のつなぎ方が4通りあって、それぞれに意味が違うので、中国語などを**トーン言語**または**声調言語**と呼びます。日本語は、トーンを変えても意味が変わらないので、トーン言語ではありません。

なお、音節は**開音節**と**閉音節**に分類されることがあります。開音節とは母音音素で終わる音節、閉音節とは子音音素で終わる音節です。問題3の(1)〜(7)のうち、開音節は「あ」(/a/)、「か」(/ka/)、「かき」(/kaki/)、「かー」(/kaa/)の4つで、閉音節は、「かっ」(/kaQ/)、「かん」(/kaN/)、「かーん」(/kaaN/)の3つです。つまり日本語の音節はたいてい開音節で、促音「っ」や撥音「ん」で終わった場合だけ閉音節になります（そういうわけで促音や撥音のモーラを特殊モーラ、特殊拍といいます）。

日本語は閉音節をほとんど使わず、開音節を多用するので**開音節言語**といわれます。英語は開音節だけでなく閉音節も多用するので、**閉音節言語**といわれます。日本語のように開音節ばかりを多用していると（つまり言語記号の形式面として開音節ばかりが並んでいると）、子音音素同士が隣り合うことが珍しくなります。つまり開音節言語では、子音音素の連続は起きにくいのです。避けられていると言ってもよいでしょう。

基本問題

問題4 次の問題は、どういう分野の問題か考えなさい。

(1) 東京方言では、「ウルトラマン」「スーパーマン」「あんぱんマン」と、「バットマン」「ガッチャマン」「パックマン」では、アクセントが違う。なぜか？

(2) 東京方言では「木村式」はアクセントが2つあり得て（キ｜ムラ｜シキ・キ｜ムラシキ）、それぞれ意味と対応している。なぜか？

解説 (1)の「ウ｜ルトラ｜マン｜」「ス｜ーパ｜ーマン｜」「あ｜んぱ｜んマン｜」はいずれも、第1モーラが低く、第2モーラが高く、そのまま前部要素最終モーラまで（ただしそこが特殊モーラならその前のモーラまで）高いです。ところが「バ｜ットマン｜」「ガ｜ッチャマン｜」「パ｜ックマン｜」は、こうはならず、「バ｜ット｜」「ガ｜ッチャ｜」「パ｜ック｜」のアクセントがそのまま生きます。一体これはなぜでしょう？

そういえば、私が子供のころやっていたテレビ番組「デビルマン」では、「デ｜ビル｜マン｜」「デ｜ビルマン｜」という2通りのアクセントが使い分けられていたと記憶しています。主人公の不動明は、「ミキの兄ている前ではデ

「デ|ビル|マン に変身できないし……」などと、「デビルマン」を「ウ|ルトラ|マン」と同じアクセントで発音していましたが、デビルマンの敵であるデーモン族は「デ|ビルマン を倒せば、世界はわれらのものだ」のように、「デビルマン」を「バ|ットマン」と同じアクセントで発音していたようです。「デ|ビル|マン」だといかにも人畜無害で正義のヒーローっぽいけれど、「デ|ビルマン」はバイオレンスの香りが漂ってアメリカ的、という気がしませんか？ 話を戻しますと、(1)の問題は合成語のアクセントの問題ですから、形態論の問題であり、音韻論の問題であるわけです。ただし今の「デビルマン」なども含めると、意味（ニュアンス）の違いも扱うわけですから、意味論も関係してくることになります。

(2)は例えば、木村さんが発見した方程式であればキ|ムラ|シキ、木村さんの方式であればキ|ムラシキ になります。これもやはり、形態論、音韻論、意味論の問題と言えます。

応用問題

問題 次の文章は、日本語教育能力検定試験の問題文を参考に作られたものです。よく読んで、空欄を埋めなさい。

「イカのフライを食べた」という文を、意味を持つ最小単位で区切ると、「イカ」「の」「フライ」「を」「食べ」「た」のような、一般に [(1)] と呼ばれる単位に分かれる。これらは、個々の形式を互いに区別する働きを持つ最小の音単位に分析できる。この音単位を [(2)] という。これら有限個の形態素を組み合わせて、最終的には無限の文を作ることが可能になる。どの言語にもこのような構造が認められる。これを言語の二重分節という。二重分節は [(3)] が提唱した考えといわれている。

解説 (1)は形態素、(2)は音素ですよね。「個々の形式を互いに区別する働きを持つ」というのは難解ですが、この言い回しは検定試験にも出てきます。要は「意味の違いにつながる」ということです。(3)は**マルチネ**という人です。二重分節というのは、無限の文が有限個の形態素の組み合わせでできていて、その形態素の形式面はたかだか20個前後の音素の組み合わせでできているという考えを表したものです。知らなければ覚えてください。「分節」

とは「分解」とだいたい同じ意味と言いましたが、問題文中の「分析」もそう考えてもらっていいでしょう。

　問題文中「これらは～最小の音単位に分析できる」という1文がありますが、この文がちょっとはしょった（その分、あまり正確ではない）文だということに気付かれましたか？　形態素が音単位に分析できるなら、最小サイズの言語記号はこの音単位ということになってしまいます。音単位に分析できるのは形態素の形式面であり、形態素自身ではありません。こういう「はしょり」は日本語教育能力検定試験にも、参考書などにも、よく見られるもので、そう目くじらを立てることでもないと思いますが、くれぐれも混乱しないようにしてください。

　プロソディとしては、ほかにもポーズや速さがありますが、これらは特にどのサイズということもなく、比較的簡単に理解できるものなので、この本では省きます。また、プロミネンスについては後で説明します。

【アメリカ構造主義言語学では……】

　記号（言語記号）のことはだいたいお話ししましたが、最後に3点付け加えておきます。

　第1に、ここでは記号という用語を、スキーマという心理的な用語を使って説明しました。つまり音素だとか意味だとかは、私たち人間の心の中にあるという考えに沿って説明しました。なぜそうしたかというと、それがおそらく一番分かりやすい考えだからです。しかし、こういう考えに言語学者全員が賛成しているというわけではありません。例えば**アメリカ構造主義言語学**の中心的人物である**ブルームフィールド**は、こういうやり方に反対を唱えています。**サピア**のような例外もいるとはいえ、アメリカ構造主義言語学者はこのような、心というものが関わってくる言語研究には一般に消極的です。それがなぜなのかは、最後の第4章でお話しすることにします。

【弁別素性】

　第2に、音素という概念は、これ以上細かいものに分解できないかというと、実はそうではありません。1つの音素は、幾つかの特徴（**弁別的素性**あるいは**示差的特徴**と呼ばれます）が集まったものだと考えることができます。例えば音素/b/は、［子音である］［有声音である］［両唇音である］［破裂音である］という4つの特徴の集まり（これを**素性の束**といいます）からできて

いるという具合です。

音素と同じように、意味もより細かな単位の集まりだと考える立場があります。例えば、「父」という語の意味は、［男である］［１世代上である］［直系である］という３つの特徴の集まりからできているといった考えです。このような立場に立って、言語表現の意味を構成する特徴（意味単位）を突き止めようとする作業を、**成分分析**と呼ぶことがあります。

【ミスマッチ】

第３に、ここでは「言語は記号的なものだ」とか「大きな言語記号は小さな言語記号が集まってできている」とかいった考えを紹介しましたが、この考えは万能というわけではありません。このことは、特に日本語ではよく見えます。

例えば言語記号「グリコ森永事件」は、意味の区切れと形式の区切れが一致しません。「グリコ森永事件」の意味は、グリコ社と森永社に関わる事件ですから、「グリコ森永」と「事件」の間で大きく区切れますが、形式は、まるで「グリコ」「森永事件」のように読むことから分かるように、「グリコ」と「森永事件」の間で大きく区切れます（図24）。

図24

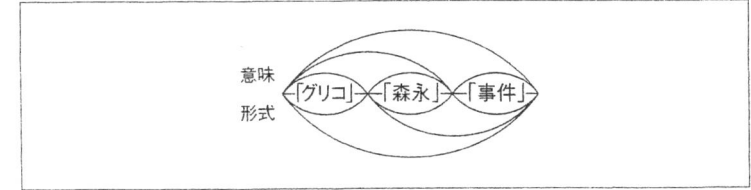

つまり、合成的な言語記号「グリコ森永事件」は、言語記号「グリコ森永」と言語記号「事件」が合成されたものでもありませんし（意味はその通りですが形式が違うからです）、言語記号「グリコ」と言語記号「森永事件」が合成されたものでもありません（形式はその通りですが意味が違うからです）。「大きな言語記号は小さな言語記号が集まってできている」といった考えは、「グリコ森永事件」には当てはまらないというわけです。こういう現象は、**ブラケティング・パラドクス**とか**ミスマッチ**とかいう名前で知られています。

考え方によっては、日本語では、ミスマッチは語だけでなく、文のサイズ

でもよく観察できます。例えば「新聞を読みながらテレビを見た」という文の意味は、新聞を読みながらテレビを見るということが、過去に起きたということでしょうから、「新聞を読みながらテレビを見」と「た」の間に区切れがありますが、形式の区切れは「新聞を読みながら」と「テレビを見た」の間にあるということになりはしないでしょうか（図25）。

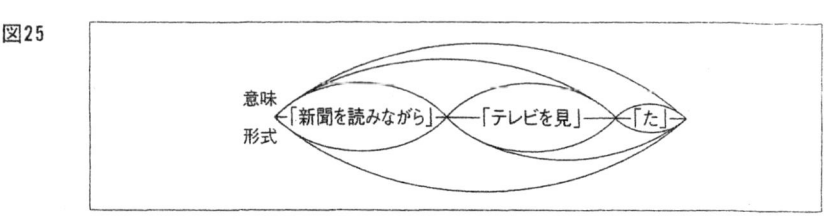

図25

仮にそう考えると、「大きな言語記号は小さな言語記号が集まってできている」という考えは、「グリコ森永事件」のような語だけでなく「新聞を読みながらテレビを見た」のような文にも当てはまらないことになります。そもそも「グリコ森永事件」や「新聞を読みながらテレビを見た」のような合成的な言語記号は、本当に記号なのでしょうか？　記号と考えることが便利なのでしょうか？　ご自分でいろいろ考えていただきたいと思います。

しかし、大きな問題をはらんでいるとはいえ、記号的な見方はやはりいろいろな現象を見る上でとても便利な見方と言えるでしょう。例えば「それは統語論の問題」「これは形態論の問題」「あれは意味論も音韻論も関係する問題」というように、さまざまな問題が簡単に振り分けられるのは便利なことです。そうしたことから、ここでは記号的な見方を紹介したわけです。

第3節 体系とは何か？

「言語は記号の体系だ」という考えの、「記号」の部分はだいたい分かってもらえたと思います。こんどは「体系」について考えてみましょう。

【体系（システム）】

体系というのは「**システム**」の訳ですが、最近はそのままシステムということも多いので、ここからは体系ではなくシステムで通すことにします。

結論から言いますと、システムとは、部分の総和を超えたものです。では「部分の総和を超える」とはどういうことでしょう？　ここには非常に深いものがあるようです。私のような者がヘタに全貌をしゃべろうとすると、言語学の世界を一気に突き抜けて、瞑想とか宇宙人とか前世の記憶とかいった世界にあなたをいざなってしまうことになりかねません（本当です）。そこで、一部だけを身近なたとえで説明しますので、イメージで、なんとなく理解してください。

【タコとダイコン】

例えば、今、私の前にタコの切り身があり、ダイコンの切れ端があるとします。私がタコを食べようが捨てようが、横のダイコンは影響を受けません。私がダイコンをどうしようと、隣のタコはびくともしません。この「タコとダイコン」はシステムではありません。タコとダイコンという全体は、タコという部分と、ダイコンという部分を足しただけのものであって、それ以上のものではないからです。

ところが私がこのタコとダイコンを、同じ鍋に入れて煮たとします。すると、煮られたタコの味がダイコンに染みます。ダイコンは、もともと煮られてダイコンの味ができているところへタコの味が染みてくるので、両者が混ざって化学反応を起こして（この際そう考えておいてください）、独特の味Aになります。それがまたタコに染みます。タコもタコで、本来の煮られたタコ味のところへ、この独特の味Aが染みてくるので、先程のダイコンの化学

反応とはまた微妙に違った化学反応を起こして、独特の味Bになります。そのBがまたダイコンに染みてダイコンは独特の味Cになり、そのCがタコに染みて、タコはDになり、……という具合になる時、「タコとダイコン」は1つのシステムと言えます。ある部分が変われば（タコが煮えれば）、それによってほかの部分も影響を受け（ダイコンが独特の味Aになり）、そのことで逆にもとの部分が影響され（タコが独特の味Bになり）、それが原因でほかの部分が変わり（ダイコンが独特の味Cになり）、またもとの部分にも変化が起こる（タコが独特の味Dになる）、……という構図です。この時のタコとダイコンという全体は、単に煮たタコと煮たダイコンを足しただけのものではありません。タコとダイコンがお互いに、どんどん新しい影響を与え合い続けるという、部分同士の**インタラクション（相互作用）**が無視できなくなるからです。部分同士のインタラクションが無視できなくなり、全体が要素の総和と考えられなくなった時、その全体をシステムというわけです。

　私たちの体だってシステムと言えます。例えば、病気になって体のある部分がやられると、別の部分が急に頑張ったり、何かを分泌したりして、体全体のバランスを保とうとします。そのおかげで、やられていた部分が治って働きだせば、臨時に大活躍していた部分も平常に戻るということがよくあります。

　会話している人たちも1つのシステムと言えます。植村さんの言ったことがきっかけになって中村さんが暗い気持ちになり、その中村さんの話を聞いて植村さんがもっと暗くなるとか、お互いの考えに触発されていくとかいったことがありますよね。会話に限らず、**コミュニケーション**というものはインタラクションの代表格ですから、コミュニケーションしている人たちや動植物たちは、みんな1つのシステムと言えます。

基本問題

問題　自然な文かどうか考えなさい。
（1）　一郎が二郎と散歩した。
（2）　一郎が二郎とくしゃみした。

(3) 一郎が二郎と立ち上がった。
(4) タコがダイコンと煮えて、ちょうどいい味になった。

  (1)は自然ですね。「一郎が」よりも「一郎は」の方が自然かもしれませんが、ここでは「が」でもよいと考えておいてください。

(2)はちょっと変な感じですね。「○○と××が〜する」構文の「一郎と二郎がくしゃみした」なら問題ないのですが、(2)のように「○○が××と〜する」構文だと不自然です。なぜ(2)は(1)と違って、不自然なんでしょう?

それは、「○○が××と〜する」構文が基本的にいって、インタラクションを表す構文だからです。(1)が自然に感じられるのは、2人の人間が互いに意識し合って歩く速さやコースを合わせ、ある程度離れないようにして歩行するという「インタラクティブな散歩」というものが想像しやすいからです。(2)が不自然に感じられるのは、「インタラクティブなくしゃみ」というものが想像しにくいからです。

(3)は意味によりますね。圧政に耐えかねた一郎が二郎と連合し、反政府運動を始めたといった意味なら(3)は自然でしょうが、二郎がイスから立ち上がるのと同時に一郎も立ったという意味だと、ちょっと変ですね。これも、「○○が××と〜する」構文が基本的にインタラクションを表す構文だからです。

反政府運動を始める場合、お互いの考えに刺激されて、というような「インタラクティブな立ち上がり」というものはかなり想像しやすいでしょう。それに対して、イスから立ち上がるような単なる個人的な身体運動の場合、「インタラクティブな立ち上がり」というものはあまり想像できません。

この(1)が自然で(2)が不自然ということは、動作主性から説明されることが時々あります。つまり散歩は意図的にできるけれどもくしゃみは意図的にする行為ではない、といった説明です。しかし、それだと、イスから立ち上がるというのも十分意図的な行為でしょうから、(3)がうまく説明できません。私は、動作主性ではなくて、インタラクションの有無で説明した方がいいと思います。「○○が××と〜する」構文は基本的にインタラクションを表す構文で、○○と××の間にインタラクションがあれば、意図があろうがなかろうが、この構文で表現可能です。ただし、お互いに意識し合って行う意図的動作には、最もインタラクションが認められやすいので、この構文が自然になります。お互いに意識し合って行う意図的動作でなくなると、インタラクションは認めにくくなり、この構文は不自然になっていきます。

タコとダイコンは、先程インタラクションの例として取り上げましたが、

別にインタラクションの代表例だというわけではありません。物理的で分かりやすいのではないかと思って取り上げただけです。このタコとダイコンは、意識し合って行う動作ほど、インタラクティブなわけではありません。ですから人によっては、(4)は少し不自然です。でも、人によってはやはりインタラクションが認められ、(4)は自然になります。

　以上のように考えていくと、世の中で意外に多くの物事が何らかの点でシステムの1部分であり、また自身がシステムであるわけです。物事が絶え間なく、お互いにごちゃごちゃインタラクションしているのが、世の中の姿ということになります。

　「今までなぞだったAという物質だけど、実はみんながよく知っている物質Bと物質Cが、63対37の比率で混ざっていたものだった」と聞けば、物質Aについて、すごく分かった気になりますよね。ある物事を分かろうとする上で、その物事を分解してみるという方法は、絶対必要でしょう。そのために、昔は（言語に限らずどんな分野でも）研究者はこの分解という手法ばかりを使って、物事を部分に切り分けていましたが、これまで話してきたことからすると、全体を分解して**構成的**に（つまり部分の総和として）とらえるだけでなく、部分同士のインタラクションにも目を向けていくべきだということになります。最近はインタラクションにも多くの研究者が目を向けています。

　システムという用語の説明はこれぐらいにしておきますが、言語記号のシステムの話に入るには、もう少しだけ準備が必要です。今度は、言語記号同士の関係について説明しましょう。これには、**シンタグマティック（統合的・連辞的）**な関係と、**パラディグマティック（範列的・連合的）**な関係の2つがあります。

　これら2つの関係のうち、言語記号のシステムの話に直結すると考えられがちなのは、パラディグマティックな関係だけですが、実はシンタグマティックな関係も重要です。それに、パラディグマティックな関係をよく理解してもらうためにも、シンタグマティックな関係を合わせてお話ししておいた方がいいと思いますので、ここでは2つとも見ておきます。

【シンタグマティックな関係とパラディグマティックな関係】
　準備のための準備ですが、まず、**プロミネンス**という用語を紹介しましょ

う。プロミネンスというのは、第2節でお話ししたプロソディの一種です。

【課長が専務を……】

　例えば課長が、日ごろ怒鳴りつけ慣れている係長や平社員でなく、こともあろうに専務を怒鳴りつけたという意味で「課長が専務を怒鳴りつけた」と発音する時、「専務」が強く発音されますよね。この時、プロミネンスが「専務」に置かれていると言います。

　これとよく似ていますが、専務を怒鳴りつけたのがこともあろうに課長だという意味で「課長が専務を怒鳴りつけた」と発音する場合は、プロミネンスは「課長」に置かれているわけです。

　「課長が専務をどうしたの？」という質問に対してなら、プロミネンスは「怒鳴りつけた」に置かれるでしょう。

　「課長が専務を怒鳴りつけるの？」という質問に対して、もう既に起こったことだという意味で「課長が専務を怒鳴りつけ、た」と言う場合は、プロミネンスは「た」に置かれます。

　プロミネンスとは、文中のある部分を目立たせることを指します。けれども、文中のある部分（最初の例なら「専務」）を、文中のほかの部分（「課長」「怒鳴りつけた」など）との関係で目立たせるわけではありません。ちなみに、この「専務」と、「課長」や「怒鳴りつけた」などとの関係がシンタグマティックな関係です。

　文中のある部分（「専務」）を、その文で直接表現されていないほかのもの（「係長」「平社員」など）との関係で目立たせるプロソディが、プロミネンスです。そして、この「専務」と、「係長」「平社員」などとの関係がパラディグマティックな関係です（図26）。

図26

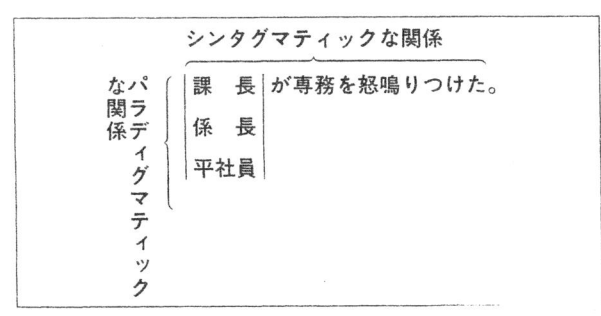

【専務が課長に…】

　ここで、第1章でお話ししたヴォイスのことを、ちょっと思い出してみてください。例えば、同じ1つの出来事を「課長が専務を怒鳴りつけた」と能動ヴォイスで表現するか、「専務が課長に怒鳴りつけられた」と受動ヴォイスで表現するかは、課長と専務のうち、話し手がどちらにより多くの注意を向けるかということでしたね。ですから、ヴォイスというのはシンタグマティックな関係と縁が深いと言えます。

　プロミネンスもヴォイスも、話し手の注意に関わる現象と言えますが、プロミネンスはパラディグマティックな関係と縁が深く、ヴォイスはシンタグマティックな関係と縁が深いというように、中身がだいぶん違うわけです。

応用問題

問題　次の文章を読み、空欄(1)(2)を埋めなさい。

　「イカのフライを食べた」を構成する個々の部分は、「イカ」の後に「の」があり、「イカの」はその後の「フライ」を修飾するという関係にある。さらに「を」が付いて、「イカのフライ」が「食べ」という動作の対象になることを示している。このような関係を [(1)] という。また、「イカ」「フライ」「食べた」は、それぞれ、例えば「タコ」「造り」「買った」で置き換えることができる。このように、一定の位置でほかの形式との置き換えが可能かどうかという関係を [(2)] という。言語の組織は基本的にこれら2つの関係で成り立っているということができる。

解説　もちろん、(1)はシンタグマティックな関係、(2)はパラディグマティックな関係です。検定試験では、選択肢の中からそれぞれ「統合関係」「範列関係」という訳語を選ばせる形で出題されたことがありますので、訳語も忘れないようにしてください。

【言語記号のシステム】

　いよいよ言語記号のシステムの話です。言語記号のシステムは、システムですから、単に1つ1つの言語記号が集まっているだけではなくて、部分（言語記号）の総和以上のものがあるわけです。簡単に言えば、パラディグマ

例えば「私がズボンを買った」の言語記号「ズボン」は、「シャツ」「ネクタイ」「時計」「マンション」「雑誌」「野菜」など、たくさんの言語記号とパラディグマティックな関係にあります。「ズボン」は「シャツ」「ネクタイ」「時計」「マンション」「雑誌」「野菜」などとは違うし、「シャツ」というのも「ズボン」「ネクタイ」「時計」「マンション」「雑誌」「野菜」などとは違っている、「ネクタイ」というのも……という具合に、パラディグマティックな関係にある１つ１つの言語記号は、お互いがお互いとは違ったものとして存在しています。このうちの１つをいじると、ほかの言語記号もそのことで影響を受けます。だからシステムなわけです。お互い同士の違いを、専門用語で「差異」と呼ぶこともあります。

　では、具体例を見てみましょう。

【ズボンとパンツ】

　今「ズボン」と言いましたが、ある人によると、この言語記号はだんだん使われなくなっています。つまり消え始めています。これは「パンツ」が悪いのだそうです。言語記号「パンツ」は、昔は下着だけを意味していましたが、その後、意味が広がり、外へ履いていくものも表すようになりました。このように言語記号「パンツ」の意味が広まると、言語記号「ズボン」の意味と重なってきます。言語記号「ズボン」と「パンツ」は、意味の面で「お互いがお互いとは違ったものとして存在する」ことができなくなり、結果として「ズボン」が消え始めたというわけです。

　このように、言語記号がシステムを構成するには、１つ１つの言語記号がお互いに差異を持ち、違っている（これを「１つ１つの言語記号が**対立**している」とも言います）ということが、何よりも大切だと考えられています。システムの中で１つ１つの言語記号は、「ほかの言語記号とは違う」という価値（「**否定的価値**」と呼びます）を持っているわけです。ある言語記号がシステムに参加できるのは、その言語記号がこの否定的価値を持っているおかげであって、この価値を失えば「ズボン」のように、早晩消えていくということです。

【きなし・はたなし】

　今のは意味面の例でしたが、こんどは形式面の例を見てみましょう。東北

のある方言では、果物の梨をわざわざ「木なし」と、「木」を付けて呼びます。これはなぜかというと、その方言では「す」と「し」の区別がある時期になくなり、茄子（なす）も梨（なし）も同じ音韻になってしまったからです。これだと、言語記号「茄子」と言語記号「梨」は、形式面で対立関係を失ってしまいます（これを「**同音衝突**」といいます）。システムに参加し続けるには、否定的価値を保持しないといけないので、梨は木の上に実を結ぶということで「木なし」、茄子は畑に実を結ぶということで「はたなし」と呼ばれるようになったようです。

【機能主義的な説明】

　ここに挙げたような例は、言語が**情報伝達**の道具だと考えると、さらにうまく説明できるかもしれません。つまり、なるべく少ない負担で、正確に情報を伝えられるように言語はできているという考え方です。言語記号をたくさん覚えておかなければならないのは、話し手にとっても聞き手にとってもたいへんな負担ですから、「ズボン」と「パンツ」で意味が重なるなら、どちらか1つで十分でしょう。また、同音衝突は誤解を生む原因になりますから、言い方を変えるなどして回避するのが当然でしょう——こういう説明を**機能主義**的な説明と呼ぶことがあります（後で詳しく説明します）。

　こうして見ると、機能主義的な説明は何でも説明してくれる完全な説明のように思えますが、問題もないわけではないようです。「パンツ」と意味が重なったから「ズボン」が消え始めるのなら、例えば「討論」「討議」「論議」「議論」のうち1つや2つぐらいは消えてもよさそうなものではないでしょうか？　「茄子」と形式が衝突したから「梨」が「木梨」になるのなら、例えば「講演」「公演」「好演」「口演」は1つや2つぐらいは形式が変わってもよさそうなものだと思うのですが、どうでしょうか？　また、そもそも言語が本当に情報伝達の道具なら、独り言というものがなぜあるのでしょう？　機能主義的な説明は確かに便利な説明ですが、少なくとも当面のところ、言語現象の説明は全面的にこれ一本でいくというわけにはいかないようです。

【縦の恣意性・横の恣意性】

　第2節では、「日本語では足の指も手の指も親指も区別しないけれども、英語は違う」などと述べました。このように、言語システムとしてはさまざま

な在り方（例えば日本語の在り方、英語の在り方）が許されているわけです。どれか１つの在り方が正解ということはありません。ソシュールはこれを、「言語システムには何の必然性もない。いきさつ次第ではどんなシステムでも自然になる」といった考えで説明しようとしています。この考えは**「横の恣意性」**と呼ばれることがあります。第２節で紹介した恣意性（意味と形式との結び付きの必然性）は、これと区別して**「縦の恣意性」**と呼ばれることがあります。しかし、認知言語学という学派では、縦の恣意性だけでなく、横の恣意性も疑われています。基本色彩語のところでお話ししたことを思い出しつつ、考えてみてください。

【構造】

これまでは、パラディグマティックな関係を構成する言語記号のシステムを見てきたわけです。では、シンタグマティックな関係を構成する言語記号同士は、システムを構成しないのでしょうか？

結論を言うと、やはりこれらもシステムを構成します。つまり、言語記号Ａと言語記号Ｂが合成されてできた、合成的な言語記号ＡＢというものは、その意味面も形式面も、単なる部分（言語記号Ａと言語記号Ｂ）の総和を超えますから、これも１つのシステムと言えないことはありません。しかし、こういう言語記号ＡＢの在り方をシステムと言うことはさほどありません。

というのは、先程も言いましたように、これまでの研究は「分解してみる」という手法が得意だったからです。「合成的な言語記号は、どのように部分の総和を超えてシステムであるか？」ということではなく、むしろ「合成的な言語記号は、どのように部分に分解できるか？」ということに研究の中心がありました。例えば、合成的な言語記号ＡＢＣはどういう構造をしているのか、ＡＢ＋ＣなのかそれともＡ＋ＢＣなのか、といったことがよく議論されてきたのです。シンタグマティックな関係については、システムという考え方よりも、構造という考え方がよく適用されてきたわけです。

「分解してみる」という手法を主力武器にしてやってきたこれまでの研究には、もちろんよいところがたくさんあります。しかし、合成的な言語記号が、個々の部分の総和を超えたものだということは、（それをシステムと呼ぶ、呼ばないは別として）知っておく価値があるでしょう。具体例を見てみましょう。

【豆ご飯】

　ご飯1粒にコーヒー豆のかけらを埋め込んでも「豆ご飯」とは言えませんよね。つまり、「豆ご飯」はただの豆＋ご飯ではありません。「豆」はゆでたエンドウ豆でなければならないし、「ご飯」はある程度たくさんの炊いた米でなければなりません。さらに、豆と米の関係も決まっています。「カレーライス」ではライスの上にカレーが乗っているからといって、ゆでたエンドウ豆が、ある程度たくさんの炊いた米の上に乗っていても、普通は「豆ご飯」になりません。豆と米が混在しなければならないのです。

　このように、「豆」と「ご飯」が合成されて1つの合成語「豆ご飯」ができる時、「豆」「ご飯」それぞれの意味が特定され、両者の意味関係も特定されます。この意味の特定は「豆」自体にも「ご飯」自体にもないものです。この点で、合成的な言語記号「豆ご飯」の意味面は、部分の総和を超えていると言えます。

【ぶるった】

　今の「豆ご飯」は意味面の例でした。今度は形式面の例として、「ぶるった」という動詞を見てみましょう。「ぶるった」というのは、あまりフォーマルではない語ですが、使う人は使うと思います。例えば、「暴力団にすごまれて、思わずぶるった」なんて言うことはないでしょうか？　あるいは、少し意味が違う「ぶるった」ならどうでしょう？　数年前に、ぶるぶる震える振動型の携帯電話のテレビCMで、女性タレントが「あ、ぶるった！」と言っていました。ひょっとしたら、あなたは「ぶるった」という動詞になじみがないかもしれませんが、ここでは、「ぶるった」を使う人は使うのだと思っておいてください。

　これらの「ぶるった」は、「しゃべった」「笑った」「立った」「行った」などと同じく、いわゆる過去形ですね。では、この動詞の現在形は何でしょう？　つまりこの動詞は辞書にどのような形式で載っているでしょうか？

　調べてみると面白いことが分かります。ある人は「しゃべる」と同じように「ぶるる」と答えます。またある人は「笑う」と同じように「ぶるう」と答えます。しかし、「立つ」と同じように「ぶるつ」と答える人はいません。「行く」と同じように「ぶるく」と答える人もいません。こういうことは、日本語の動詞の形式を考える上で大変面白いと思います。けれども一番面白い

のは、かなりの回答者が「よく分からない」とか「自分の答えに自信がない」などと回答することです。「ぶるる」や「ぶるう」と答える回答者に聞いてみても、やはり自信がないのだそうです。

　彼らは、「ぶるった」が過去の動作を表すということはちゃんと分かっているくせに、「ぶるった」の現在形はよく分からず、自信がないのです。「ぶるった」の「っ」が、2つの部分（動作を表す動詞語幹と過去の「た」）のインタラクションによるものだということは分かっているけれども、部分（つまり動詞語幹の形式）についてはよく分からない、ということがあり得るのです。こういう「ぶるった」は、合成的な言語記号の形式が、部分の総和を超えていることを示していると思いませんか？

【行くには】
　もう1つ例を挙げておきます。「車で行くには便利だが……」なんて言うことがあります。「行く」という動詞に「には」が付いて、「行くには」になっています。「には」には、＜動詞に付くことができる＞という性質があるわけです。さて、この性質は、「に」によるのでしょうか？　それとも「は」によるのでしょうか？

　「車で行くに便利だが……」というのは、かなり変な気がします。「車で行くは便利だが……」は、もっと変な気がします。＜動詞に付くことができる＞という性質を、「に」はあまり持っていないし、「は」はもっと持っていないようですが、「に」と「は」が合成されて「には」になると、この性質が出てきます。この性質は、「に」でも「は」でもなく、「に」と「は」のインタラクションの中で生じたものではないでしょうか？

　こうして見てきたように、合成的な言語記号は、いろいろな面で個々の部分の総和を超えたものです。ところで、最後に挙げた「には」の例は、意味面の例とも、形式面の例とも、ちょっと違っていましたね。こういう、意味面でも形式面でもないということを、よく**「文法的」**と呼ぶことがありますので、覚えておいてください。「文法的」という用語は、このほかにもさまざまな意味があります。主なものを整理してみることにしましょう。

第4節 文法とは何か？

【なぜ読めないのか】

あなたは、言語についての代表的な考え方を既に学びました。しかし、あなたが一般の入門書や参考書をスラスラ読んでいけるようになるには、まだ問題があるでしょう。「言語学の入門書や参考書を読んでも、文章が何を言っているのか分かりません」「目が文字面をすべるだけです」「あれでも日本語でしょうか？」といった声をよく聞きます。一体何が問題なのでしょうか？

最も大きいと思える問題は、それらの文章に現れる専門用語が分からないことです。それも「能格言語」や「発語媒介行為」のような、見るからに分からない用語ならまだマシで、分からないということが最初からはっきりしていますから、あなたはさっさと辞典で調べたりできます。しかし、何となく分かっているつもりになっている用語が実は分かっていないという場合は悲惨です。「そうか。この文章がどうして分からないかというと、私はここのところの、この用語が実は分かっていないからイメージが全然浮かばないんだ」ということを自分で発見するまでに、相当苦労しなければならないのが普通です。

ここでは、そういう厄介な用語の代表例として、「文法(的)」という基本的な用語を説明しましょう。この用語は入門書や参考書に実によく出てきますが、あまり説明はなされていないようです。実際には、この用語はさまざまな意味を持っています。そのうち主な3種類についてお話ししましょう。

文法(1)：意味論でも音韻論でもない、ある独立した分野

最初に紹介するのは、「言語記号に関する研究分野の1つだが、意味面が中心の分野(意味論)でもないし、形式面が中心の分野(音韻論)でもない、ある独立した分野」という意味の「文法」です。具体例を見てみましょう。

応用問題

問題1 次の文章は、日本語教育能力検定試験に合格するための参考書の本文です。だいたいどのようなことを述べているのか、考えなさい。

　音韻、文法、意味といった分野における理論は言語の体系と構造の記述や、それを支える言語能力の解明に重点を置く。
［名柄迪『分野別徹底解説による 日本語教育能力検定試験 傾向と対策 第2巻』［改訂版］
p.50.（バベルプレス）より］

解説　ここでは「音韻、文法、意味」という具合に、文法は音韻や意味と並べられています。つまり、音韻論や意味論とは別物です。文法と同じように、統語論という用語も音韻論や意味論を含まずに使われることがよくあります。ちなみに、今の参考書の文は、どういうことを言っているのでしょう？　ちょっと具体的に変更して言うと、だいたい次のようになります。
　　音韻論だとか文法だとか意味論だとかを研究する場合には、「この言語記号はシステムの中でどういう位置を占めているか？」とか「この合成的な言語記号の構造はどうなっているのか？」といったことを調べ上げることが重要だ。また、「この言語記号を使いこなせる人間の心には、今調べ上げたことと似た知識が入っているはずだ(そうでなければしゃべれるはずがない)。そういう知識が自分でも気付かないうちにちゃんと入っている人間の心とは、どのようなものなのか？」という問題に答えようとすることも重要だ。

　ところで、「意味論でも音韻論でもないある独立した分野」とは、どういうことなのでしょうか？　これは、文法カテゴリ（文法範疇）に関する分野ということです。人称という文法カテゴリを例にとって説明しましょう。

【 * Reiko love you.】
　第1章では、「人称制限」と便宜的に呼ばれる現象を紹介しましたよね。簡単に復習してみましょう。次の(1)を見てください。

　　(1) a.　お父さんがよくなって、私もうれしいよ。
　　　　b.　お父さんがよくなって、あの子もうれしいよ。

文法とは何か？

文aは自然ですが文bは不自然で、「あの子もうれしがっているよ」などと直す必要がありますよね。それはどういうことかというと、「話し手は、自己の心ならはっきり分かるけれども他者の心ははっきり分からない」という、時代や地域を問わず成り立つ普遍的事実を、現代日本語がかなり反映するということでしたね。ところで、ここで次の文cを考えてみてください。

　　　　c．お父さんがよくなって、お母さんもうれしいよ。

　文cは、「お母さん」の解釈次第で、自然にも不自然にもなります。話し手がお母さん自身で、「お母さん」が自己を指しているなら自然ですが、話し手が例えばお母さんの子供であって、「お母さん」が子供から見た、他者としてのお母さんを指しているなら不自然です。
　この現象は「自己か他者か」という意味的な基準によるものであり、それが便宜的に「人称制限」と呼ばれているだけです。人称という用語は、そういう意味的な用法とは別に、文法カテゴリの一種としての用法もあります。人称という文法カテゴリは現代日本語にはありませんが、現代英語にはあります。(2)を見てください。

　　　(2) a．I love you.
　　　　　b．Reiko loves you.
　　　　　c．*Reiko love you.

　れい子という女の子が「私はあなたのことが好き」という場合、現代英語ではこれを文a、bで表しても構いませんが（bはかなり変ですが、ここでは問題にしません）、文cで表すことはできません。文cは極めて不自然な文です（文cの冒頭の星印「*」は、文が極めて不自然であることを表します）。つまり主語が"I"なら一人称ですが、主語が"Reiko"ならbのように動詞に"s"が付きます。そのわけは、bは現在時制で、主語の"Reiko"が三人称で単数だからで、つまり"Reiko"は一人称ではなく三人称なのです。このように、人称という文法カテゴリは、「自己か他者か」というような意味的なものとは（関連がないわけではないのですが）別物です。もちろん、人称は音韻と対応しているわけでもありません。「意味論でも音韻論でもない、

文法カテゴリ(文法範疇)に関する分野」とは、こういうことです。これまで、言語記号には意味面と形式面があると繰り返し言ってきたので、まるで言語記号には意味面と形式面しかないように思われたかもしれませんが、実はもう1つ、意味面でも形式面でもないような面があり、それを文法的と呼ぶことがあるのです。

【*many a students】

もう少しだけ文法カテゴリの例を追加しておきます。英語には**数**という文法カテゴリも見られます。例えば "five students" と言えても "five student" とは言えません。つまり数が**複数**（2以上）なら名詞は一致して "s" が付きます。一見、意味的な話のようですが、しかし "many a student"（たくさんの学生）は、意味からすれば数はたくさんのはずですが "s" は付きません。やはり、意味とは（関連するけれども）別物です。

ちなみに、この数という文法カテゴリは、日本語にはありません。「警官たち」などの「たち」は、英語の "s" に少し似て見えますが、「山田たち」というのはたくさんの山田さんのことではないし、やはり "s" とは違います。日本語に数という文法カテゴリがなくても、日本語でものの数は十分数えられるし、それで困るようなことはありません。

日本語や英語にはありませんが、フランス語やドイツ語のような言語には、**性**という文法カテゴリも見られます。これも実際の性別とは（関連はありますが）別物です。ある言語に性という文法カテゴリがなくても、それで困るようなことはありません。そのほか、出来事の実現時間を表す**テンス(時制)**も、出来事の完成度合いを表す**アスペクト(相)**も、出来事が現実かどうかといったことを表す**ムード(法)**も、文法カテゴリです。

代表的な文法カテゴリとしては、以上で述べたほかにも、例えば「名詞」「動詞」「形容詞」のような**品詞**があります。「主語」「**目的語**」のような**文法関係**を含めることもありますが、特に文法関係の議論は、学派によって考えが大きく異なる部分があるのでこの本では述べません。品詞については次の第3章で詳しく見ることにします。

応用問題

問題2 次の文章は、日本語教育能力検定試験の問題文を参考にして作られたものです。この文章を読んで空欄(1)(2)に適当な語を入れなさい。

　述語の意味は2種類に分けることができる。1種類目は、「食べ／る」「食べ／た」「食べ／ます」「食べ／ろ」における「食べ」の意味や、「難し／い」「難し／かった」「難し／くない」における「難し」の意味などである。この意味は、動きや状態や属性といったものである。2種類目の意味は、「食べ／る」「食べ／た」「食べ／ます」「食べ／ろ」における「る」「た」「ます」「ろ」の意味や、「難し／い」「難し／かった」「難し／くない」における「い」「かった」「くない」の意味などである。これは、述語によって形成された事態が現実の中にいかに位置付けられ、どのように把握され、どのように発話・伝達されるのかなどを表すものである。1種類目の意味を [　(1)　] といい、2種類目の意味を [　(2)　] という。

解説　(1)は**語彙的意味**、(2)は**文法的意味**です。知らなかったら覚えてください。この「文法的意味」というのは文法カテゴリに関する意味のことです。前に述べてきたように文法カテゴリは意味とは別物ですが、(これも前述したように) 一応意味と関連はするので、ここでは「文法的意味」といっているのでしょう。

　さて、今説明した「意味論でも音韻論でもない、文法カテゴリ(文法範疇)に関する分野」という意味の「文法(1)」は、特に「意味論でない」という点を強調されて使われることがよくあります。つまり「文法的(1)」は、「(意味と関連はするけれども)意味そのものからは離れている」という趣旨で使われることがよくあります。「意味と関連はするけれども」の部分をカッコでくくったのは、この部分を無視または否定する研究者もいるからです。

応用問題

問題3 次の文章は、英語を中心とした言語学(英語学)の辞典の一節をそ

のまま抜き出したものです。だいたいどういうことを述べているのか、考えなさい。(英語の例文については下にヒントがあります。)

例えば、(1)と(2)の出現頻度は共にきわめて低く、また共にノンセンスであるが、(1)が**文法的文**(grammatical sentence)であるのに対して、(2)はそうではない。((1)は統語的には**適格文**(well-formed sentence)であるが、意味的には**逸脱文**(deviant sentence)である。)
(1) Colorless green ideas sleep furiously.
(2) Furiously sleep ideas green colorless.

[大塚高信・中島文雄『新英語学辞典』pp.520-521.(研究社)より]

ヒント：(1)は日本語で言えば、「無色の緑色の考えがカンカンに眠る」、(2)は「眠るカンカンに考えが緑色の無色の」といったところです。

文法とは何か？

解説 この一節は**チョムスキー**という研究者の考えを紹介したものです。チョムスキーが言っていることを分かりやすいように少し変えて紹介すると、だいたいこういうことです。

文(1)は不自然だけれども、それは「無色であって緑色であることはない」とか「緑色の考えなどはない」とか「考えは眠らない」とか「激怒しながら眠ることはない」といった理屈から来る不自然さであって、この文の意味自体は一応ちゃんと組み立てられるようになっている。文の意味が組み立てられるからこそ、そんな意味はあり得ないと判断される。なぜ文(1)の意味が組み立て可能かというと、それは例えば「主語と述語がこの順番で並んでいなければならない」というような、「文法的(!)」な要請をこの文が満たしているからである。これに対して、文(2)はこういう要請を満たしていないので、意味自体がとれない。

このような文(1)を上の文章は「文法的」な文、つまり「文法的」には正しい文と呼んでいるわけですから、この「文法的」というのは、「意味的」とははっきり区別されます。文(1)の類例としては、「野原は小さな雨を買う」「雨はそれは震えるベルトに付いている騒がしい空を焼く」「その下には黄色い風が埋められる」「それでベルトは死ぬ」などが挙げられますね。どこかで見た文のような気もしますが……。

【文法化】

もともと語彙的意味を表していた言語記号が、時間が経つにつれて文法的

意味を（も）表すようになるということがあります。これは、具体的な意味から、抽象的な意味への移り変わり、意味の希薄化と言うこともできます。このような歴史的（「**通時的**」ともいいます）な現象を**文法化**と呼ぶことがあります。例えば次の(1)(2)を見てください。

（1） 代表はマイクの前まで行って「宣誓！」という手はずになっている。
（2） 言い伝えによれば、そこには莫大な財宝が眠っているという。

(1)の「という」は具体的な語彙的意味（人間の発言）を表し、(2)の「という」は抽象的な文法的意味（伝聞）を表しています。そして、(1)よりも(2)の方が、「という」の用法は新しいのです。つまりこれは、具体的な語彙的意味から抽象的な文法的意味が生まれるという、文法化の例です。

現代なら現代の日本語というように、言語を1時点で眺めた場合（これを「**共時的**」といいます）にも、やはり文法化という現象が見られることがあります。これは、語彙的意味を表す言語記号が、限られた場合にだけ文法的意味を表すということです。例えば、次の(3)(4)を見てください。

（3）a. 行くところによっては傘が必要でしょう。
　　 b. ところによっては傘が必要でしょう。
（4）a. ゴールに着いたところでちょうど持ち時間が切れた。
　　 b. ??ところでちょうど持ち時間が切れた。

言語記号「ところ」は、(3)のaでは文字通り地点を表し、(4)のaでは少し抽象的な時点を表しており、その分、意味は文法的になっています。地点つまり空間を表す「ところ」は、(3)のaのように前に修飾要素があっても、(3)のbのようになくても、平気です。しかし、時点つまり時間を表す「ところ」は、(4)のaのように前に修飾要素があれば自然ですが、(4)のbのようになければ不自然です。(4)のbの文はもちろん、「ところで」を接続詞と考えれば自然ですが、ここで問題にしている意味では不自然ですよね。文頭の「??」印はその意味です。現代日本語の時間を表す「ところ」は、空間を表す「ところ」よりも特別な場合にしか現れないということです。

文法(2)：文法(1)＋意味論

ここまでは、意味的でも形式的でもない「文法(1)」についてお話ししましたが、これより少し意味が広い「文法」もあります。つまり、「文法(1)や意味論」という意味の「文法」です。

応用問題

問題4 次の文章は、参考書の端書きから採ったものです。だいたいどういう意味なのか、考えなさい。

　かつては、音声そのものは言語ではないから文法学で論ずべき問題ではない、とさえいわれました。……しかし、言語は音声によって伝達され、その内容が聞き手に理解されるのは話し手と聞き手それぞれの脳裏に蓄えられている文法規則が一致するからで、音声として出力されるものが文法と関係が深いのは当然のことです。……とくに、文字には表現されない韻律的特徴、つまりアクセント、イントネーション、ポーズなど、プロソディが統語構造や談話構造と深く関わっています。

[音声文法研究会『文法と音声』p.i.（くろしお出版）より]

解説　「音声そのものは言語ではない」というのは、音声はエティックなものだから、イーミックな言語記号の体系（つまり言語）には含まれないということです。そのこと自体はそれで正しいかもしれないけれども、音声や音声から抽出される韻律（プロソディ）などに注目することは、文法研究を進める上で非常に効果的だし重要なことだ、と述べている文章です。ここでの「文法」は、音韻・音声関係は含んでおらず、「文法(1)」あるいは意味的ということでしょう。

文法(3)：文法(2)＋音韻論

　「文法(2)」よりも大きな「文法」があります。つまり、「意味論・音韻論・文法(1)のどれか」という「文法(3)」です。この「文法(3)」は、特に文のサイズで（つまり形態論や談話文法ではなく統語論で）論じられることがよくあ

ります。具体例を見てみましょう。

応用問題

問題5 次の文章は、言語学の入門書から採ったものです。だいたいどのような意味なのか、考えなさい。

　プラグマティックスについて、エイチソン(J. Aitchison)は、その概説書『言語学』(Linguistics)の中で、「**文法的に中心となる部門(＝音声学・音韻論・統語論・意味論)の外側に位置し、言語的な(linguistic)知識だけでは分からない、話し手のことばの使い方を取り扱う分野**」という説明をしている。

[田中春美他『入門ことばの科学』p.94.（大修館書店）より]

解説　ここでいうプラグマティックスとは語用論のことです。「文法(2)」のところで述べたことからも分かると思いますが、音声学は、言語の研究ではよく周辺的な扱いを受けてきました。それが不当な扱いだということを述べたのが前の文章でした。文法的に中心となる分野として、音韻論だけでなく音声学まで挙げるエイチソンも、この点では同じ認識を持っているのかもしれません。

　「文法(1)」と同様、「文法(3)」も文の自然さを表すのに使われることがありますから注意してください。やはり入門書から、実例を1つ見ておきましょう。

【入門書より】
　チョムスキーは「**言語能力**」という概念を2つに分けている。1つは「**文法能力**」、もう1つは「**語用能力**」である。「**文法能力**」とは、当該言語の語連続が文法的か非文法的かを見分ける能力、つまり、統語的・意味的・音韻的能力のことであり、「**語用能力**」とは、非言語的な情報をもって文を解釈する能力を指している。そしてチョムスキーは、語用論を文法と切り離して別に研究すべきであると考える。

[西田龍雄『言語学を学ぶ人のために』p.26.（世界思想社）より]

この文章では、「文法」とは、統語・意味・音韻の3つが含まれるとされています。ここでの「統語」は「文法(1)」と考えてもらえばいいと思います。ちなみに、今の文章に述べられていた言語能力は、**コンピタンス**とも呼ばれ、言語の実際の使用（**言語運用**または**パフォーマンス**といいます）とは区別されます。この区別は、「語用論を文法と切り離して別に研究する」上で、必要なことです。

　以上で述べたほかにも「文法」にはさまざまな意味がありますが、かえって分かりにくくなると思うので、これら3つにとどめておきます。

第5節 機能とは何か？

「文法」だけでなく、「機能」という用語も、一見したところ分かりきった用語のようでいて、実はさまざまな意味で使われています。主な意味を見る前に、まず、日常用語の「機能」について、少しだけ考えておきましょう。

【秋の日の機能？】

「ハサミの機能は？」という質問には、「紙を切ること」などと、だれでもすぐ答えられますね。では、「秋の日」や「16歳」、「燃え残り」の機能はそれぞれ何でしょうか？　これらの質問には、なかなか答えられませんよね。質問自体が、なんか変だからです。機能という用語は、どのようなものに対しても設定できるものではありません。機能という用語は、「目的」と、その目的を果たすための「道具」という2つの考えを必要としているようです。つまり、人間やさまざまなものがなんらかの目的を持ち、その目的を果たすために何かを道具として使う時に、道具として使われるものがはじめて機能を持つようです。

【生き物にとっての目的】

では、目的とは何でしょう？　多くの生き物にとって、それは「快適に生きる」「子孫を繁栄させる」ということのようです。例えば「掃除機の機能は、ほこりを部屋などから取り除くことだ」が自然に聞こえるのは、快適に生きるという目的を果たすために、人間という生き物が掃除機を道具として使って、快適な環境を確保しようとするという見方が自然だからでしょう。

同じことですが、「エラの機能は、水中の空気を取り込むことだ」が自然に聞こえるのは、生き続けるという目的を果たすために、魚がエラを道具として使って呼吸するという見方ができるからです。エラというのは魚自身の一部ですから、これを魚の道具というのはちょっと抵抗があるかもしれませんが、1部分（エラ）がシステム全体（魚）の目的のために使われる時、これも道具ということにしておきます。

やはり同じことですが、「花びらの機能は、雄しべや雌しべを守ることだ」が自然に聞こえるのも、花をつけたその植物が、種族を繁栄させるという目的を果たすために、花びらを道具として使うという見方ができるからでしょう。

もちろん、魚や植物がそんな目的意識を持つ必要はありません。人間の側が勝手に見立てて、そう読み込むのです。「魚の機能」や「植物の機能」と聞いて奇妙な気がするのは、魚や植物自体が道具とは見立てにくいからでしょう。「植物の機能の1つは、動物に酸素を供給することだ」なんて言うと、少しマシですが、これは、動植物を含んだ地球の生態システム全体に、生き続けるという目的を見立てることができるからだと思います。

【道具にとっての目的】

目的が見立てられるのは、生き物ばかりではありません。生き物が目的を果たすために使う道具自体にも、目的が見立てられます。道具の目的とは、「生き物の目的を果たすよう、道具としての機能を果たす」ということです。例えば、先程言ったように、人間が生存目的を果たすために使う掃除機には、ほこりを部屋などから取り除くという機能がありますが、実はほこりの除去は、掃除機の機能であるだけでなく、同時に、掃除機の目的でもあるわけです（図27）。

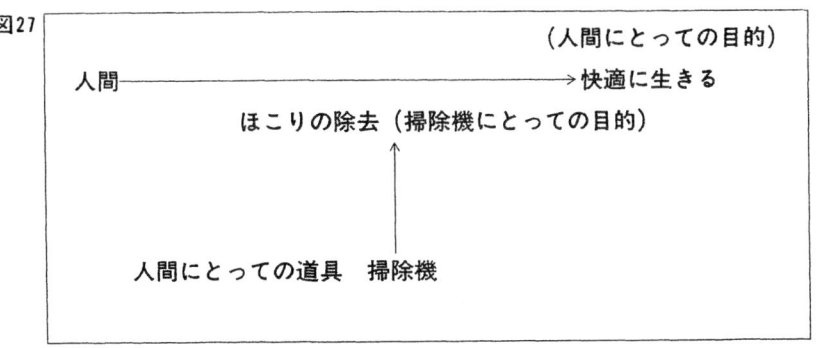

ところで掃除機はさまざまな部分を含んだ1つのシステムですから、掃除機の各部分は、この「ほこりの除去」という目的を果たすために働きます。システムとしての掃除機は、「ほこりの除去」という目的を果たすために、掃

除機の各部分を道具として使うという見方ができます。「掃除機に付いているこのブラシの機能は、じゅうたんなどにいるダニを掃き集めることだ」「掃除機のコードの機能は、掃除機に電気を供給することだ」のように、掃除機を構成する部分（ブラシやコード）にも機能が考えられるのはこの結果です。

「秋の日」や「16歳」、「燃え残り」の機能を考えることが奇妙なのは、これらが生き物に使われる道具とも、道具の一部とも見立てにくいからです。

【靴べらと缶切り】

今お話ししてきたように、目的というのは、2つのレベルがあるわけです。つまり、生き物にとってのレベルと、道具にとってのレベルです。そして機能もこれに対応して、道具の機能と、道具の部分の機能の2つがあるわけです。この2つのレベルを混同すると、おかしなことになりかねません。

例えば「掃除機のコードの機能は、ほこりを除去することだ」というのは変ですよね。これは、2つのレベルを混同しているからです。掃除機のコードの機能は、掃除機全体に電気を供給することであって、ほこりの除去は掃除機全体としての機能（そして目的）です。

同じことですが、「靴べらの機能は、靴を履くことだ」というのも変ですよね。靴を履くのは人間の目的です。靴べらの機能（そして目的）は、人間がすんなり靴を履けて快適に生きられるように、かかと部分と靴上部との摩擦を緩和する（うまく言えませんが）ということです。

しかし、2つのレベルの混同が許されるというか、2つのレベルがぐちゃっと1つになって見えることもあるようです。例えば「缶切りの機能は、缶を開けることだ」というのは、かなり自然ですよね。缶を開けるのは人間の目的で、缶切りという道具はその目的を果たすために缶のフタを切る機能を果たすはずですが、缶を開けることが缶切りの機能ということもできます。このあたりは、よく考えると面白いと思いますが、ここでは、2つのレベルの混同あるいは融合が時々あるということだけ理解してもらえば十分です。

ではそろそろ、専門用語「機能」の主な意味を見ていきましょう。日常用語「機能」と同様、専門用語「機能」もやはり、目的と道具という考えを必要とするようです。では、「言語の機能」とは何でしょうか？　私たちはそこに、どのような目的と道具を見立てるのでしょうか？　ごく基本的なものを

5つだけ見てみましょう。

機能(1)：道具としての言語が場面の中で果たすもの

　最初に紹介する「機能」は、「人間が生きていくために道具である言語が果たすもの」という意味です。つまり、言語とは人間の道具であって、人間が生きていくために言語が「機能」を果たす、と考えられることがあります。この「機能」を「機能(1)」と呼ぶことにします。入門書から実例を挙げてみましょう。

機能とは何か？

応用問題

問題1　次の文章は、言語学の入門書から採ったものです。ごく簡単に言ってどういうことなのか、考えなさい。

　カール・ビューラーは、表出・訴え・叙述を言語の三機能とした。表出は発信者、訴えは受信者、叙述は事物に関係する。このうち、事物を特徴づける最大の機能は、事物を認識し叙述する働きとしての叙述機能である。ローマン・ヤーコブソンは、シャノンの通信系のモデルによりながら、分類をさらに細分化し、関説的(referential)、心情的(emotional)、能動的(conative)、交話的(phatic)、メタ言語的(metalingual)、および詩的(poetic)機能を立てた。このうち初めの三つは、ビューラーの三機能に相当する。また、交話的機能は、儀礼的な挨拶のやりとりなど相手との心理的な結びつきを志向する機能、メタ言語的機能は、言語を記述するのに言語を用いざるをえない宿命から生じる機能、詩的機能は、メッセージそのものの効果を志向する機能をいう。このほか、呪術的機能を挙げる学者もいる。

[田中春美他『言語学演習』[再版] pp.10-11.（大修館書店）より]

解説　ごく簡単にまとめてしまえば、言語は、人間がコミュニケーションなどを行う（そして究極的には快適に生きる）ために、いろいろな機能を果たすということですよね。

今お話しした「機能(1)」と関係する用語として、**機能主義**を紹介しておきます。これは、言語が実際に道具として使われて「機能(1)」を果たす時の、具体的な場面を重視しようという言語研究上の考え方を指します。

機能主義の反対の考え方は**形式主義**と呼ばれます。ややこしいですが、形式主義とは、音韻を重視する立場などではありません。一般化（これを「**形式化**」ということもあります）を重視するという立場です。ちょっと考えてもらうと分かると思いますが、意味というのは非常に多様です。その上、人間が言語を使う場面となると、実にさまざまなものがあって、容易なことでは一般化できません。機能主義的な言語研究では、言語の意味だけでなく、その場面までもまともに扱うわけですから、あまり一般化を急ごうとしないところがあります。反対に、形式主義的な言語研究では一般化を重視するため、意味や場面などは普通いきなり扱おうとしません。音韻や「文法(1)」がある程度一般化できたあかつきには、少しずつ考察対象を広げて、意味そして場面をも収容できればいいという考え方です（図28）。

図28

こちらを重視するほど形式主義的 ←	音韻	文法(1)	意味	場面	→ こちらを重視するほど機能主義的

応用問題

問題2 次の2つの文章は、言語学の入門書と参考書から採ったものです。これらが形式主義として述べているのはだれの考えなのか考えなさい。

　ディックは、言語研究におけるアプローチを形式主義と機能主義に大別し、自らは後者の立場をとる。言語を文法的な文の集合としてとらえ、自立的な統語論を中心にすえる形式主義とは異なって、機能主義の視点は言語を場面の中でとらえる。

[西田龍雄『言語学を学ぶ人のために』p.313. (世界思想社) より]

言語の構文分析を行う際、対象となる文の構造に焦点を当てて分析する形式主義的なアプローチと、対象となる文の意味や機能に焦点を当てて分析する機能主義的なアプローチとがある。

[高見健一『機能的統語論』p.i.（くろしお出版）より]

解説　これらの文献が形式主義として述べているのは、具体的にはチョムスキーの考えです。チョムスキーにとっては、言語の使用場面という語用論的な研究や、意味の研究は、文法研究ではない（少なくとも中心的な文法研究ではない）のです。なお、最初の文章の中に「自立的な統語論」というところがありますが、「自律的な統語論」という表記もよく使いますので、覚えておいてください。

　さて、次に紹介するのは、言語が果たす機能ではなくて、1つ1つの言語記号が果たす機能です。つまり、今お話しした「機能(1)」は例えて言えば掃除機の機能だったのですが、これからお話しする「機能」は、掃除機の各部分の機能です。

機能(2)：情報伝達のために1つ1つの言語記号が果たすもの

　人間が生きるためにしなければならないさまざまなことのうち、情報伝達が特に重視されるということがよくあります。より多くの情報が伝達されるほど、人間は生きる上で必要な情報を入手できる、それが何よりも大事だという考え方です。

　この考え方（これも機能主義と呼ばれることがあります）でいけば、「1つ1つの言語記号は、しゃべりやすい形式を持たなければならない」ということになります。言語記号がしゃべりにくくて、話し手がすぐ疲れてしまうようなものだと、大量の情報伝達は不可能だからです。情報伝達する人間の道具として言語が「機能(1)」を果たすためには、1つ1つの言語記号は「しゃべりやすい形式を持つ」という「機能」を果たさなければならないわけです。こういう「機能」を「機能(2)」としておきます。

【あじあわせる】

　「あじわう」という動作をさせる、という意味で「あじあわせる」という人

が時々います。「あじわう」の生産的使役は本来「あじわわせる」のはずですが、最初の「わ」が「あ」に変わってしまうわけです。

　私の家内が心酔しているゴルゴ13などは、「あじわわせる」の方でしゃべったり (『ゴルゴ13』第50巻 p.81)、「あじあわせる」の方でしゃべったりしています (『ゴルゴ13』第4巻 p.123)。実例をここに書くことはできませんので、興味があればご自分で『ゴルゴ13』を読んで確かめてみてください。

　さて、今お話しした機能主義の考え方でいけば、「1つ1つの言語記号の形式は、聞き取りやすく、誤解を生みにくい形式を持たなければならない」ということにもなります。いくら大量に情報が伝達されても、聞き手がその情報を聞き間違えて受け取ってしまえば、何にもならないからです。情報伝達する人間の道具として言語が「機能(1)」を果たすためには、1つ1つの言語記号は「聞き取りやすい形式を持つ」という「機能(2)」を果たさなければならないわけです。

【ばわい】

　「場合(ばあい)」のことを、よく聞いてみると「ばわい」と発音していることが時々あります。「ばあい」だと「倍(ばい)」なのか「バーイ」なのか、聞き取りにくいから「ばわい」になるのかもしれませんね。

　先程の「あじあわせる」は、「わ」の連続を避けようとして、片方の「わ」が別のものになった例ですし、いまの「ばわい」もこの点は同じで、「あ」の連続を避けようとして、片方の「あ」が別のものになった例です。これらを**異化**と呼ぶことがありますが、「あじあわせる」と「ばわい」は、異化の方法が違っているということにも注意してください。「あじあわせる」は/w/が**脱落**していますが、「ばわい」は/w/が**添加**されています。なお、異化の反対は**同化**といいます。例えば「原因」を「げんいん」と発音することはあまりなくて、普通は「げいいん」のように発音しますね。これは撥音「ん」が直後の鼻母音「い」に同化していると見ることができます。

　さらに、この機能主義の考え方でいけば、「1つ1つの言語記号は、ほかの言語記号の意味と重ならない意味を持たなければならない」ということにもなります。1つの意味を表すのに、2つも3つも言い方があったのでは、話

し手はどの言い方をすればいいのか迷ってしまいかねませんし、聞き手も、覚えていなければならない言語記号が増えてたいへんな負担になってしまうからです。情報伝達する人間の道具として言語が「機能(1)」を果たすためには、1つ1つの言語記号は「ほかと重ならない意味を持つ」という「機能(2)」を果たさなければならないわけです。少し前にお話しした、「ズボン」と「パンツ」の例を思い出してください。

機能(3)：1つ1つの言語記号がシステムの中で果たすもの

情報伝達を特に重視するしないにかかわらず、1つ1つの言語記号には「機能(2)」とは別の「機能」が考えられることがあります。それが「機能(3)」です。掃除機のたとえからお話ししましょう。

掃除機が「ゴミを部屋から取り除く」という機能を果たすには、掃除機の各部分は、お互いにきっちり組み合わさって、それぞれ占めるべき位置を占め、全体として掃除機を1つのまともなシステムにしていなければなりません。コードやモーターやホースやフィルターといった掃除機の部分同士を、メチャクチャにつないでも掃除機はできず、「機能(1)」は果たせません。

同じことですが、言語が「機能(1)」を果たすためには、1つ1つの言語記号はお互いにきっちり組み合わさって、それぞれ占めるべき位置を占め、全体として言語を1つのまともなシステムにしていなければなりません。具体的には、1つ1つの言語記号は、パラディグマティックな関係にあるほかの言語記号との差異を保持し、否定的価値を持ち続けなければなりません。それが「機能(3)」です。

応用問題

問題3 次の文章は、日本語教育能力検定試験の問題文を参考に作られたものです。よく読んで空欄を埋めなさい。

東京方言の話し手が実際に会話する場合、さまざまな発話の中で、種々の母音が生じる。それにもかかわらず、東京方言の母音は、/a/・/i/・/u/・

/e/・/o/ の 5 つだと言われる。これはどういうことだろうか。例えば「蚊」や「可」は、母音部分を［a］のように前舌の広母音で発音してもよいし、［ɑ］のように奥舌の広母音で発音してもよい。この 2 つの母音の違いによって［ (1) ］の区別が生じるということはない。同じことだが「毛」は、母音部分を［e］と半狭母音で発音しても、［ɛ］と半広母音で発音してもよい。この［ (2) ］の違いは［ (1) ］の区別をもたらさない。つまり、［a］と［ɑ］、［e］と［ɛ］という［ (2) ］の違いは、［ (1) ］を区別するという［ (3) ］の観点からすると問題にならない。/a/ や /e/ といった［ (4) ］を考えるのは、このためである。ほかの母音についても同じである。

解説 いかがですか？ 音声学の基礎知識がないと、細かいところまでは分かりにくいかもしれませんが、だいたいのところは分かると思います。(1)に入るのは「意味」が最もよいと思いますが、「語」でもまあいいと思います。(2)は「音声」ですね。(3)は「機能」で、この「機能」は、「機能(2)」とも「機能(3)」ともとれます。(4)は「音素」です。

機能(4)：1つ1つの言語記号が構造の中で果たすもの

「機能(3)」は、1つ1つの言語記号がパラディグマティックな関係の中で果たすものでしたが、シンタグマティックな関係についても、やはり「機能」が考えられることがあります。言語が「機能(1)」を果たすためには、1つ1つの言語記号はお互い正しく結び付き、全体としてまとまりのある合成的な言語記号を作らなければなりません。それが「機能(4)」です。まとまりのある合成的な言語記号を作るために、1つ1つの言語記号は、例えば主語や目的語という機能を果たします。これを**文法機能**と呼びます。言語記号の文法機能と意味を合わせて、**意味機能**と呼ぶこともあります。ただし、意味機能という用語は、別の意味で使うこともあります（すぐ後ろで説明します）。

【入門書より】

(1) content word（内容語）： *Who* is coming? ＜だれが＞
　　　　　　　　　　　　　　He *has* a book. ＜持っている＞

(2) function word（機能語）： a man *who* is coming ＜関係代名詞＞
　　　　　　　　　　　　　　He *has* bought a book. ＜完了の助動詞＞

(1)(2)は、同じ単語が意味のある語として使われるか、文法的な役割のみを果たすために使われるかによって、**内容語**になったり**機能語**になったりする例である。

[田中春美他『入門ことばの科学』p.60.（大修館書店）より]

英語の"who"という語は、「だれが」という意味の場合は内容語だけれども関係代名詞の場合は機能語である、"has"という語も、「持っている」という意味の場合は内容語だけれども完了の助動詞の場合は機能語である、ということですね。機能語の意味のことを、**文法的意味**、文法化した意味ということもできます。

機能(5)：1つ1つの言語記号が場面の中で果たすもの

最後に紹介する「機能」は、1つ1つの言語記号が場面の中で果たすものとしての「機能」です。つまり「掃除機のコード機能は、ほこりを部屋から除去することだ」のような、2つのレベルを混ぜ合わせたような機能です。おかしいといえばおかしいんですが、これが通用してしまうことも実はかなりあります。例えば、「『とても』という語は強調という機能を持っている」「『僕の番か？』末尾の『か』は、話し手の問いかけを表す機能を持っている」などといった形です。これが「機能(5)」です。この「機能(5)」は、言語記号の**語用論的機能**と呼ばれることもあります。言語記号の意味と語用論的機能を合わせて意味機能と呼ぶこともあります。

「文法」と同じく、「機能」にもまださまざまな意味がありますが、かえって分かりにくくなると思うので、以上の5つにとどめておきます。

要点整理

1. 「言語とは何か？」という問題は、本質を言い当てる問題というよりは、便利さを追求した定義の問題である。この点さえわきまえておけば、あなたもこの問題に関する議論に十分参加できる。

2. 最も一般的な考えによれば、言語とは記号の体系である。記号には意味と形式の2面がある。2面ともイーミックであり、エティックではない。体系とは部分の総和を超えたものである。パラディグマティックな面にしろ、シンタグマティックな面にしろ、言語は体系的である。

3. 「文法」には最低3つの意味があるので、注意が必要である。

4. 「機能」には最低5つの意味があるので、注意が必要である。

品詞と活用

この章の目標

I. 品詞とは何か、なぜあるのかを理解する。
II. 動詞が活用するとはどういうことなのかを理解する。
III. 上の2点を通じて、入門書や参考書、検定試験の文章が理解できるようになる。

　第2章では、文法カテゴリのことをお話しする中で、名詞や動詞などの品詞にも少し触れました。この章では品詞について、もう少しだけ詳しくお話しします。さらに、「活用」という用語にも目を向けてみることにします。

第1節 品詞はだれのものか？

基本問題

問題1 自然な文かどうか考えなさい。
(1) a. 車体側面の傷が値下げの原因だ。
　　 b. 車体側面に傷があるが値下げの原因だ。
(2) a. 勉強が嫌でたまらない。
　　 b. 勉強するが嫌でたまらない。
(3) a. 給料日が待ち遠しいです。
　　 b. 給料日が来るが待ち遠しいです。
(4) a. パイロットが子供のころの夢でした。
　　 b. パイロットになるが子供のころの夢でした。

解説　(1)(2)(3)(4)ともすべて、aが自然でbが不自然ですね。「傷」「勉強」「給料日」「パイロット」は直後に「が」をつなげることができるけれど、「ある」「勉強する」「来る」「なる」は直後に「が」をつなげることができないということです。

問題2 自然な文かどうか考えなさい。
(1) a. 車体側面の傷を確認した。
　　 b. 車体側面に傷があるを確認した。
(2) a. 勉強をちょっと手伝ってあげた。
　　 b. 勉強するをちょっと手伝ってあげた。
(3) a. 給料日を楽しみにしている。
　　 b. 給料日が来るを楽しみにしている。
(4) a. パイロットをあきらめた。
　　 b. パイロットになるをあきらめた。

解説 こんどは「が」ではなく「を」の問題でしたが、やはりaが自然でbが不自然ですね。「傷」「勉強」「給料日」「パイロット」は直後に「が」だけでなく、「を」をつなげることもできます。けれども「ある」「勉強する」「来る」「なる」は直後に「が」だけでなく、「を」をつなげることもできないというわけです。

【「一つ一つ」か「一括」か】

　現代日本語をうまくしゃべれる私たちは、今お話しした、「傷」の場合は直後に「が」がつながるとか、「ある」の場合はどうだとかいったことを、全部知っているわけです。では私たちの頭には、こういうことが「一つ一つ」入っているのでしょうか？　つまり、「傷」の直後に「が」はつなげていいとか、「傷」の直後に「を」をつなげていいとか、「ある」の直後に「が」はつなげてはいけないとか、「ある」の直後は「を」をつなげてもいけないとかいう規則、今お話ししたものだけでも全部で16個の規則になりますが、こういう規則が何千万と、頭の中に入っているのでしょうか？

　おそらくそうではないでしょう。そんなにたくさんの規則を「一つ一つ」覚えるのなら、私など忘れっぽいたちですから、今の問題は半分も思い出せないと思います。でも実際には、全部できるわけです。私たちはこういう規則を、もっと一般的な形で、「一括」して覚えているようです。

　結論を簡単に言ってしまえば、私たちの心の中にある規則は、「名詞の直後には助詞をつなげることができる」「動詞の直後には助詞をつなげることはできない」というような、ごく限られたものだけです。もちろん、「傷」「勉強」「給料日」「パイロット」が名詞であることは知っておく必要があります。「ある」「勉強する」「来る」「なる」が動詞であること、「が」「を」が助詞であることも、知っておく必要があります。しかし、覚えなければならない知識は、規則が２つと、個々の言語記号の品詞が10個で、合計12個で済みます。「一つ一つ」の考え方だと、16個の知識が必要でしたから、こちらの方が効率的です。

　12も16もあまり違いはないと思うかもしれませんが、そうではありません。今は話の都合上、言語記号を少ししか挙げませんでしたが、現実には言語記号はたくさんあります。分かりやすいように、仮に名詞が1,500個、動詞が500個、助詞が10個あるとしてみましょう（これでも少ないですが）。「一つ一つ」の考え方だと、名詞と動詞の合計2,000個について、10個の助詞がそれぞ

れつながるかどうかを「一つ一つ」覚えるわけですから、20,000個の知識を「一つ一つ」覚えることになります。ところが「一括」の考え方だと、「名詞の直後には助詞をつなげてよい」「動詞の直後には助詞をつなげられない」という規則が2個、それに「『傷』は名詞だ」式の知識が1,500個、「『ある』は動詞だ」式の知識が500個、さらに「『が』は助詞だ」式の知識が10個で、合計2,012個の知識で済みます。「一つ一つ」の考え方の、ほぼ1割で済みます。

　名詞や動詞のような品詞を中学や高校などで教えられて、あなたは「こんなもの、一体何の意味があるのか」と思われたかもしれません。しかし、実は意味があるのです。というのは、品詞は、あなたの心の中にあるものだからです。

　今お話ししてきたように、あなたの心の中には、あなたが知らないうちに名詞や動詞といった品詞ができているのです。あなたは「傷」や「ある」などの言語記号の意味と形式を記憶していますが、実はそれだけではなくて、「傷」は名詞、「ある」は動詞というような、品詞情報も合わせて記憶しているわけです。品詞のない言語記号はないと考えておいてよいでしょう。さらにあなたの心には、品詞同士のつなげ方に関するごく少数の規則もできています。この規則によって、あなたは言語記号をつなげ、より大きな言語記号を作り上げていくことができるのです。

　品詞は言語学者のものではなくて、あなた自身のものです。精神分析学者が、あなたの心に広がる無意識の領域に興味を持ち、これを明らかにしようとするように、言語学者は、あなたの心にある品詞の姿を明らかにしようとしているわけで、その試みの一部が単純化されて教科書に載っているだけです。（結局文法はすべてそうですが）品詞は言語学者のものというよりも、まずあなたのものなのです。

第2節 品詞のサイズ

　第1節でお話ししたように、すべての言語記号には品詞があります。ところで言語記号にはさまざまなサイズがあります。ですから品詞もそれに合わせてさまざまなサイズで論じられます。一般に、品詞は語のサイズで論じられることが多いですが、それ以外のサイズの言語記号にも品詞はあります。

　例えば言語記号「本」の品詞は名詞ですが、言語記号「こんな本」の品詞は**名詞句**です。言語記号のサイズが大きくなると、品詞の呼び方もこのように少し変わります。「名詞句」「**動詞句**」「**形容詞句**」などの「**句**」や、「**名詞節**」「**動詞節**」「**形容詞節**」などの「**節**」は、その言語記号のサイズが語と文の間であることを示しています。

　逆に、語より小さいサイズについても、品詞は考えられます。

基本問題

問題1　次の語の品詞は何なのか考えなさい。
　　　青さ　明るさ　ひどさ　まぶしさ　こわさ　暗さ

解説　**接辞**「さ」は、これ単独では語になりません（だから接辞です）が、「青」「明る」などと結び付いて全体として語ができると、その語は必ず名詞になります。つまり、「青さ」「明るさ」など全体の品詞が名詞であるのは、接辞「さ」のせいです。だから接辞「さ」は、名詞に相当する品詞だということができます。「名詞」「名詞句」に並ぶような用語はありませんので、仮にこれを「小さいサイズの名詞」のように呼ぶことにします。

　小さいサイズの品詞は、名詞に限られるわけではありません。「ゴネる」「チクる」などの「る」の品詞は、小さいサイズの動詞です。「見る」などの「る」もこの「る」です。言語記号「見る」は形態素ではなくて、形態素「見」と形態素「る」に分かれるわけです。形態素「見」というのは、＜映像情報の取り込み＞という意味と、/mi/という形式からできています。形態

素「る」は意味も形式もなかなか難しいのですが、この本では意味については、＜過去ではない＞という意味だとしておきます。形式は/(r)u/です。最初の/r/にカッコが付いていて、つまりあったり(/ru/)なかったり(/u/)するというのが大事なところです。この形態素「る」の品詞が小さいサイズの動詞なので、「見る」全体の品詞も動詞になるということです。実は、「読む」などにもこの小さいサイズの動詞「る」が含まれていて、言語記号「読む」は言語記号「yom」と言語記号「る」に分かれます。こういうことは後で、もう少しだけ詳しくお話しします。

問題2 言語記号「非常識的」を2つの言語記号に分けなさい（スキーマティックな言語記号はここでは無視して構いません）。

解説 「非常識」+「的」でしょうか、それとも「非」+「常識的」でしょうか？答えは「非」+「常識的」です。なぜ「非」+「常識的」かというと、「的」という接辞は名詞と結び付いて全体を**形容名詞**にするものだからです。「的」は小さいサイズの形容名詞です。

形容名詞というのは形容詞と名詞の中間の品詞で、中学校や高校の文法では（それなりの事情があって）**形容動詞**と呼ばれているものです。例えば「まじめ」「にぎやか」「誠実」「たいへん」などは形容名詞です。「まじめな話」「にぎやかなところ」「誠実な人」「たいへんなこと」のように、直後に「な」が付くのが形容名詞の特徴です。「まじめ」などを形容名詞と呼ぶ代わりに、「な」込みで、「まじめな」などを**ナ形容詞**と呼ぶ人もいます。この場合、「まじめだ」「まじめに」なども同時にナ形容詞と呼ばれます。さらに、「赤い」などの形容詞は、ナ形容詞との対比で、**イ形容詞**と呼ばれます。

「非常識」というのは、「非常識な人」のように直後に「な」が付くので形容名詞です。「的」と結び付くのは名詞であって形容名詞ではないので、「的」は「非常識」と結び付かないと考えることができます。「まじめ的」「にぎやか的」「誠実的」「たいへん的」などが不自然なのと同じです。「常識」なら品詞は名詞なので、「的」と結び付いてもおかしくありません。「情熱的」「歴史的」「文化的」「経済的」などが自然なのと同じです。だから「非常識的」は、「非」+「常識的」だと考えられるのです。

【主要部】

このように実例をいろいろ見ていると、気が付くことがあると思います。日本語では、言語記号Aと言語記号Bが結び付いて大きな言語記号ABができる時、言語記号ABの品詞は、言語記号Bの品詞と同じになるということ

です。この意味で、言語記号Bのことを、言語記号ABの**主要部**と呼びます。

　もっとも、主要部という用語は、もっと別の意味で（ややこしいですが、もっと意味的な意味で）使われることもあります。「読んだ本」の主要部を例にとってみましょう。「読んだ本」の品詞は名詞句で「本」の品詞は名詞だから「読んだ本」の主要部は「本」だ、というのが、これまでお話ししてきた主要部の考え方です。しかし、これとは違った考え方もあるのです。つまり、読んだ本というのは本の一種だから、「読んだ本」の主要部は「本」だ、という考え方です。この時、主要部という用語は、品詞ではなく意味に基づいて使われています。

　品詞に基づいても意味に基づいても、「本」が主要部だという結果が変わらないなら、どっちでもいいではないかとあなたは思うかもしれません。全くその通りですが、実際には結果は時々変わります。例えば「にせの警官」の意味はまともに考えると警官の一種ではないでしょうから、意味的には「警官」が主要部とは言いにくいですが、文法的には名詞「警官」が主要部で何の問題もありません。こういうわけで、**意味的な主要部**と**文法的な主要部**を区別する必要があります。この本では主要部という用語を、文法的な用語としてだけ使うことにします。

　今お話ししたように、日本語では言語記号ABの主要部は言語記号Bです。つまり最後に来ます。こういう言語を、**主要部後置言語**と呼びます。反対に、主要部が言語記号Aになる言語もあります。こういう言語を**主要部前置言語**と呼びます。

基本問題

問題3　もしも日本語が主要部後置言語ではなくて主要部前置言語であるとしたら、次の言語記号がどうなるか考えなさい。

（1）　東京で
（2）　映画を見る
（3）　私の本

(4)　見た番組

解説　(1)の後置詞句「東京で」は主要部の後置詞「で」が先に来て「で東京」のようになるでしょう。こうなれば「で」は名詞の後に付くのではなくて前に付いていますから、前置詞と呼んだ方がいいと思います。「で東京」は前置詞句です。
　(2)の動詞句「映画を見る」は主要部の動詞「見る」が先に来て「見る映画を」になりますが、「映画を」も(1)と同じ理屈でひっくり返りますから、「見るを映画」になるでしょう。さらに「見る」は「見」と「る」でこれもひっくり返りますから結局「る見を映画」になります。以下同様に、(3)は「本の私」、(4)は「番組た見」になります。
　英語は上の(3)では日本語と同じになりますが、(1)(2)(4)では日本語とはだいたい逆で、主要部前置になります。英文解釈の窮余の一策として「後ろから読め」と言われることがありますが、これは英語と日本語がだいたいの点で**語順**（言語記号を配列する順序）が正反対になるからです。
　主要部後置言語と主要部前置言語の違いは、特に(2)の場合は、**OV言語**と**VO言語**と呼ばれることもあります。Oというのはオブジェクト(Object)つまり目的語のことで、Vというのはバーブ(Verb)つまり動詞のことです。「映画を見る」というのは、目的語「映画」が動詞「見る」より先に出ているからOV言語の表現です。日本語はOV言語です。「る見を映画」ならVO言語の表現です。英語の"watch movies"もVOになっています。英語はVO言語です。
　OとVだけでなく、これにS（Subject,主語）も加えて語順が論じられることがあります。「私が見る、映画を」「映画を見る、私が」「見る、私が映画を」「見る、映画を私が」なんて言うことだって時にはあるかもしれませんし、「映画を私が見る」はもっと自然な感じですが、一番普通なのはやっぱり「私が映画を見る」ですよね。このことから分かるように、日本語では普通の語順（**基本語順**）はSOVです。つまり日本語は**SOV言語**です。
　英語はもともと日本語ほどの可能性はなくて、"Watch, I movies."などはダメです（日本語は語順が自由だとか、英語は語順が自由でないとか言われるのはこういうことです）。その少ない可能性の中で"I watch movies."が一番普通なので、英語は**SVO言語**ということになります。

【孤立語・膠着語・屈折語】

　今、日本語より英語の方が語順が自由でないと言いましたが、もっと自由でない言語もあります。つまり、日本語なら「が」や「を」で表す意味を、

語順で表す言語があります。この言語を**孤立語**と呼びます。

　仮に日本語が孤立語だとすると、「私が彼を待つ」は「私彼待つ」、「彼が私を待つ」は「彼私待つ」になります。「私が彼を待つ」の意味で「彼私待つ」と言うことはできません。このように孤立語では語順を変えると文の意味が大きく変わってしまうので、語順は自由でないと言えます。例えば中国語は、孤立語としての性質が強い言語です。

　もちろん実際には日本語は孤立語ではありません。日本語はトルコ語などと同じ**膠着語**です。つまり日本語には「が」や「を」などがあって、殴る主体がだれか、殴られる客体がだれかといったことは、「私」「彼」などの語に「が」「を」などを膠のように張り付けて表します。膠着語では、孤立語のように語順が固定されていなくてもよいということになります（実は中国語も、けっこう膠着語らしいところがあります）。

　さらに、例えば「私が彼を待つ」の意味で「そき待つ」といい、「彼が私を待つ」の意味で「ぬめ待つ」という言語を考えてみましょう。つまりこの言語では、「私」+「が」は「そ」、「私」+「を」は「め」なわけです。膠着語の「私が」「私を」と違って「そ」や「め」はより細かい言語記号に分析できません。「彼」+「が」の「ぬ」、「彼」+「を」の「き」も同じです。こういう言語を**屈折語**と呼びます。例えば英語は（けっこう膠着語的でもありますが）、代名詞の**デクレンション**（第3節で説明します）などにおいて、屈折語的な性質を持った言語だと言えます。

第3節　活用とは何か？

　ここで「活用」という用語についてお話ししましょう。例えば「少ない資源を活用する」のように、私たちは「ものを活用する」という言い方には慣れています。この「活用する」は日常用語です。それに対して、ここで問題にしたいのは「動詞が活用する」のような、「ものが活用する」という言い方です。この「活用」は専門用語です。専門用語「活用」は一体何を意味するものなのでしょうか？

【コンジュゲーションとデクレンション】
　活用とは、動詞などの形式が、人称・数・時制・ムード・ヴォイスといった文法カテゴリに応じて変わることを指します。これを**コンジュゲーション**と呼ぶこともあります。コンジュゲーションと区別されるのが**デクレンション**で、これは名詞などの形式が、性・数・格といった文法カテゴリに応じて変わることを指します。

　まずデクレンションについてですが、日本語には性・数という文法カテゴリはありませんし、格にしても、「本が」「本を」「本に」などは、ただ名詞「本」に助詞「が」「を」「に」が膠着(こうちゃく)しているだけですから、こういうものを普通デクレンションとは呼びません。英語の代名詞は、例えば「彼女」+「が」で"she"、「彼女」+「を」で"her"というように屈折語的性質が強いので、デクレンションと呼ばれます。フランス語などでは形容詞は名詞と性・数が一致し、つまり形容詞もデクレンションするのですが、日本語の形容詞はデクレンションせず、動詞と同じくコンジュゲーションすると考えられています。

　先程からお話ししているように、日本語は膠着語ですから、わざわざコンジュゲーションと呼ぶだけのことは何も起こらないのではないかと思われるかもしれません。もっともな考えです。確かに、「見る」は「見」+「る」、「見た」は「見」+「た」、「見て」は「見」+「て」などと考えていくと、ただ膠着が起こっているだけに思えてきます。しかし実は、中国語が純粋の孤立

語ではなく、英語が純粋の屈折語ではないように、日本語も（少なくとも見た目は）純粋の膠着語ではありません。その分、コンジュゲーションと呼ぶに足る部分が出てきます。これを3つに分けて見てみましょう。

【開音節性】

　日本語の動詞や形容詞のコンジュゲーションを複雑にしている事情の1つは、音韻的な事情です。つまり、日本語が開音節言語だということです。第2章の復習になりますが、開音節言語というのは、子音音素同士が隣り合うことを嫌う言語です。開音節言語である日本語では、子音音素同士が隣り合いそうになると、これを避けるために、いろいろな音韻変化が起こります。代表的な音韻変化は、音便という名で知られています。

　例えば「飛ぶ」というのは2つの形態素からできています。1つ目の形態素は、飛行という意味、/tob/という形式からできています。2つ目の形態素は、非過去という意味、/(r)u/という形式からできています。2つが結び付くと、意味面は非過去における飛行となり、形式面はそのままいくと/tob(r)u/になりますが、子音音素/b/と子音音素/(r)/が隣り合ってしまっているので、これを避けるために/(r)/が消え、/tobu/になります。/r/にカッコが付いているのは、何かあったらこの/r/は消えますよということです。（もちろん、「飛ぶ」にはアクセントもありますし、意味だって非過去における飛行というほど単純なものではありませんから、「『飛ぶ』が2つの形態素からできている」というのは不正確ですが、ここではあえてそれらを無視して話しているわけです。）

　では、飛行という意味で/tob/という形式の形態素「tob」が、過去という意味で/ta/という形式の形態素「ta」と結び付けば、どうなるでしょう？まともにいくと、過去の飛行という意味で、/tobta/という形式の言語記号ができそうですが、ここでも子音音素/b/と/t/が隣り合ってしまっています。そこで/b/は**撥音**/N/つまり「ん」に変化します。第2章で勉強したように、撥音/N/は単独で音節を形成しないという点で特殊でしたが、子音連続回避の例外になれるという点でも特殊です。つまり子音音素/b/と/t/が隣り合うのは回避対象になりますが、撥音/N/と/t/が隣り合うのは避けなくてよいので、/b/は撥音/N/に変化するというわけです。これを**撥音便**と呼びます。さらに、/ta/の/t/は前が有声子音素なら/d/に変化するので、/tobta/という形式

は/toNda/になります。

　ほぼ同じことですが、下降を意味する形態素「sagar」が、非過去の形態素「(r)u」と結び付けば、形式はやはり(r)が消えて/sagaru/ができます。これが非過去の下降を表す言語記号「下がる」です。下降を意味する形態素「sagar」が、過去の形態素「ta」と結び付けば、/sagarta/の子音音素連続/r//t/を避けるために/r/が**促音**/Q/つまり「っ」に変化します。/Q/と/t/なら連続してもいいのです。これを促音便と呼びます。こうして/sagaQta/という形式ができます。これが過去の下降を表す言語記号「下がった」です。

　これもほぼ同じですが、文字出力を意味する形態素「kak」が、非過去の形態素「(r)u」と結び付けば、やはり(r)が消えて形式は/kaku/ができます。これが非過去の文字出力を表す言語記号「書く」です。形態素「kak」が過去の形態素「ta」と結び付けば、/kakta/の子音音素連続/k//t/を避けるため/k/が脱落し、さらに母音/i/が挿入されます。これを**イ音便**と呼びます。こうして/kaita/という形式ができます。これが過去の文字出力を表す言語記号「書いた」です。

　そしてこれもほぼ同様ですが、貸与を意味する形態素「kas」が、非過去の形態素「(r)u」と結び付けば(r)が消え、非過去の貸与を表す言語記号「貸す」ができます。過去の形態素「ta」と結び付けば、/kasta/の子音音素連続/s//t/を避けるため、母音/i/が/s/と/t/の間に挿入されます。こうして過去の貸与を表す言語記号「貸した」ができます。

　このように、さまざまな場合に応じて、子音音素連続を避けるための手段が働き、その結果として単純な音韻配列が乱れるので、コンジュゲーションはけっこう複雑になります。今は動詞を例にしてお話ししましたが、形容詞についてもだいたい同じです。例えば「まずかった」は、美味でないことを表す「mazu」、判断を表す「kar」、過去を表す「ta」がこの順で結び付き、子音音素連続/r//t/を避けるために促音便が生じ、/r/が促音/Q/つまり「っ」に変化してできています。

【ジフの法則】

　日本語のコンジュゲーションを複雑にしているもう1つの事情は、言語記号の使用頻度です。それは、**ジフの法則**と呼ばれています。これは、言語記号がよく使われるほど、形式が不規則になりやすいということです。めった

に使わない言語記号の形式が不規則になっても、そんな形式は忘れ去られてしまい、規則的な形式が取って代わります。日常的によく使われているからこそ、不規則な形式がそのまま残るというわけです。

　外国語の辞書の末尾などで、動詞の不規則活用表というのを見たことがあるでしょうか？　あの表に載っているのは、「である(be動詞)」や「行く」「来る」「持つ」のような、よく使う動詞ばかりですよね。同じことが日本語にも当てはまります。

　例えば「行った」というのは、「行く」+「た」で、先程お話しした「書く」+「た」が「書いた」になるように、「行いた」になるはずですが、なぜか促音便が生じて「行った」になっていますね。「このまま株価が上昇していけば……」のように、「行く」は単なる物理的移動を超えて、さまざまな領域でよく使われます。よく使われるほど不規則になりやすいわけです。

　「行く」だけでなく、「来る」や「する」も不規則になることは、**カ変・サ変**という名で既にご存じだと思います。「くれる」も命令形が「くれろ」でなく「くれ」ですから、不規則になっています。「くださる」も命令形が「くだされ」でなく「ください」ですから、不規則になっています。これらがよく使われるということは、「このまま株価が上昇してくれば……」「上昇する」「本を読んでくれる」「本を読んでくださる」などの表現を考えてもらえば分かるでしょう。

　形容詞も同様です。「よそう」でなく「よさそう」、「なそう」でなく「なさそう」という不規則性が生じる「よい」「ない」は、「窓を開けてよいかどうか」「悪くない」などの表現を考えれば分かるように、よく使われる形容詞ですね。

【単純化】

　特に若年層を中心として、「見ることができる」という意味で「見れる」、「食べることができる」という意味で「食べれる」などという人が増えています。いわゆる「**ら抜き言葉**」というものです。本来は「見られる」「食べられる」だったのに、なぜ「見れる」「食べれる」という人が増えてきたのでしょうか？

　まず、本来の言い方がどういうものだったかというと、**可能**を表す形態素として、「(r)e」と「られ(つまりrare)」の2つが使い分けられていました。

例えば、読むことができるということを「読める」というのは、文字情報の取り込みを表す「yom」、可能を表す「(r)e」、非過去を表す「(r)u」がこの順で結び付いたものです（ご自分で確認してみてください）。また例えば、見ることができるということを「見られる」というのは、視覚情報の取り込みを表す「見」、可能を表す「られ」、非過去を表す「(r)u」がこの順で結び付いたものです（これはすぐ分かりますね）。食べることができるということを「食べられる」というのは、食物摂取を表す「食べ」、可能を表す「られ」、非過去を表す「(r)u」がこの順で結び付いたものです（これも簡単ですね）。つまり、動詞の**語幹**（活用で形式が変わらない部分）が、「yom」のように子音で終わる形式を持つのか、「見(mi)」「食べ(tabe)」のように母音で終わる形式を持つのかによって、「(r)e」と「られ」が使い分けられているというのが本来の言い方です。なかなか複雑ですね。

　この複雑な言い方をもっと単純にしたのが、ここで例に挙げた「見れる」「食べれる」のような「ら抜き言葉」です。これは「yom」のような動詞（子音動詞・五段動詞）の場合だけでなく、「見る」「食べる」のような動詞（母音動詞・一段動詞）の場合にも、可能は「(r)e」を使うというやり方です。これだと「られ」は使われないので、可能は「(r)e」1種類だけで済み、単純になります。また「られ」にしても、「親に叱られる」「昔のことが思い出される」「社長が歌を歌われる」のように、本来は可能のほかにも受動や**自発**や**尊敬**という多様な意味を表しますから、もしも可能がなくなれば、意味しなければならないものが1つ減って、それだけ単純になります。

　このように「ら抜き言葉」は、より単純ですっきりした活用を目指す動きの産物ですが、本来の（複雑な）活用からすれば、乱れた言葉ということになります。新しい世代が言語を単純化しようとする動きは、時代や地域を問わず生じるものであり、言語を乱す（つまり言語が時代と共に変化する）原因の1つと考えられています。

応用問題

問題 次の文章は、日本語教育能力検定試験の問題文を参考に作られたも

のです。よく読んで空欄を埋めなさい。

「rare」には、同一の機能を持つ「are」がある。「rare」と「are」は、現れる環境が違う。つまり、直前の形式が母音の時は「rare」が現れ、子音の時は「are」が現れる。このような「rare」の形式と「are」の形式は、[(1)　]を成す同一の[(2)　]の[(3)　]と呼ばれる。同じことが「sase」と「ase」にも言える。

過去を表す「ta」も「da」という[(4)　]を持ち、後者は少なくとも[(5)　]で終わる語幹については用いることができない。

解説　受動の「(r)are」、使役の「(s)ase」についての問題です。空欄に当てはまる用語を知っている、知らないは別として、文章の内容は、今お話ししたことからだいたい理解できるはずです。(1)は**相補分布**で、現れる環境が重ならないことをいいます。(2)は形態素、(3)(4)は**交替形**、「舟（ふね）」「舟人（ふなびと）」の「hune」と「huna」も交替形です。(5)は無声子音です。なお、非過去を表す形式「ru」と「u」も、1つの形態素「(r)u」の交替形で、相補分布を成しています。

コンジュゲーションを不規則にする事情は実はまだほかにありますが、それをお話しする前に、カテゴリについて説明しておく必要があります。

活用とは何か？

第4節　プロトタイプカテゴリとしての品詞

カテゴリとは簡単に言い切ってしまえば集合のことです。まず、**ブールカテゴリ**と**プロトタイプカテゴリ**を具体的に説明しておきます。

【まだ】
次の(1)(2)を見てみましょう。

(1) この服でさえ大きいのに、これよりまだ大きい服を着なければならないのか。
(2) この服は小さい。しかし、あの服に比べればまだ大きい。

文(1)にも文(2)にも、「まだ大きい」という言語記号があります。2つの「まだ大きい」の意味は、違っているところがあります。(1)の「まだ大きい」は、ある大きい服が、別の大きい服よりも大きいという意味を表しています。(2)の「まだ大きい」は、ある小さい服が、別の小さい服よりは大きいという意味を表しています。つまり、「まだ大きい」は、大きいなら大きい服同士、小さいなら小さい服同士を比較する場合に用いるわけです。(「大きかった服の寸法を直してもらったが、まだ大きい」というような、時間的な意味を表す「まだ」は、ここでは省いておきます)

(1)の「まだ大きい」は大きい服同士を比べる場合、(2)の「まだ大きい」は小さい服同士を比べる場合です。大きい服と小さい服を比べる場合には、「まだ大きい」は使えませんよね。ただ単に「この服はあの服より大きい」という意味で、「この服はあの服よりまだ大きい」というのは不自然でしょう(図1)。

図1

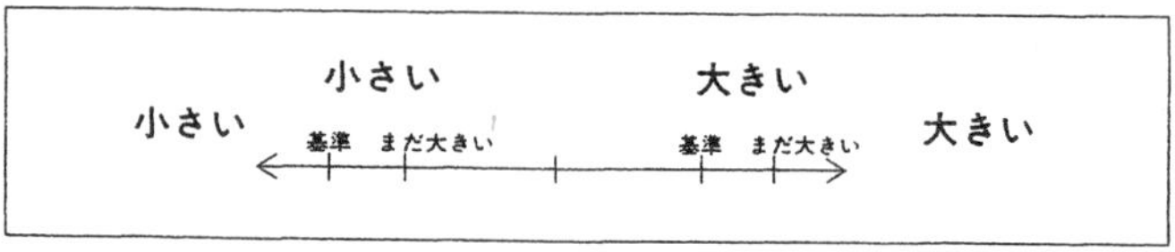

小さい　　　小さい　　　　　大きい
　　　　基準　まだ大きい　　基準　まだ大きい　　大きい

つまり、「まだ大きい」という言語記号は、2種類の基準を使っているわけです。1つの基準は、大きいか小さいかという二者択一の基準です。比較している2着の服が、大きい服同士だとか、小さい服同士だとか、大きい服と小さい服だとかいうことは、この基準で判断されます。もう1つの基準は、より大きい・より小さいという基準で、2着の相対的な大小はこの基準で判断されます。

　大きいか小さいかという二者択一の基準によれば、すべての服は「大きい服」と「小さい服」という2つのカテゴリにきっちり区別されます（図2）。

図2
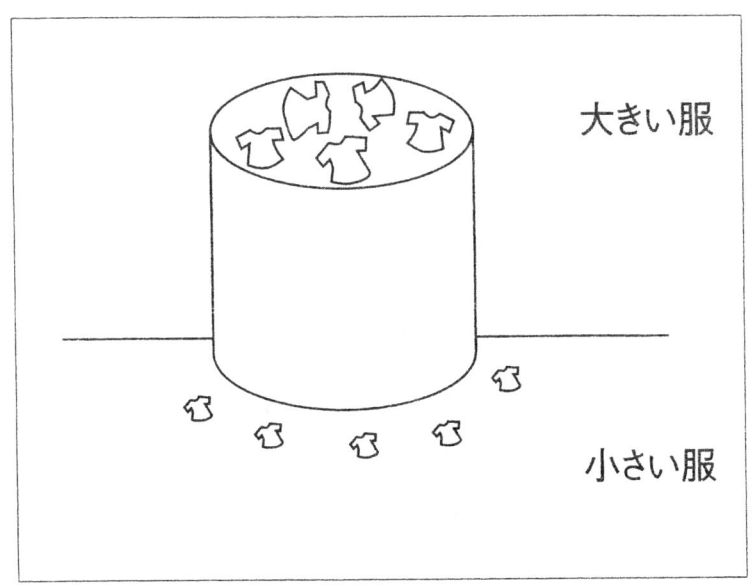
大きい服
小さい服

　図2では、なんらかの基準を境に、すべての服が大きいか小さいかに分けられています。円筒上部の円として描かれているのが、大きい服のカテゴリで、すべての大きい服はこの円内に置かれています。大きい服でありさえすれば、どの程度大きいかはどうでもいいことです。

　下の平面（ただし円筒の底面を除く）として描かれているのが、小さい服のカテゴリで、すべての小さい服はこの平面に置かれています。円筒の側面は、大きい服と小さい服の境界です。上に服を置けるような斜面ではなく、90度に切り立った崖です。つまり、大きい服のカテゴリを一歩外に出れば、

中ぐらいの服などではなくて、いきなり小さい服のカテゴリになります。小さい服のカテゴリから一歩中に入っても、いきなり大きい服のカテゴリになります。

　このようなカテゴリをブールカテゴリと呼びます（**ブール**というのは数学者の名前です）。大きい服のカテゴリや、小さい服のカテゴリはブールカテゴリです。ブールカテゴリでは、同じカテゴリのメンバー同士での程度差はどうでもいいものとして無視されます。また、カテゴリの境界は切り立っていて、はっきりしています。

　次にプロトタイプカテゴリを説明しましょう。今のブールカテゴリは、大きいか小さいかという二者択一の基準によっていましたが、大きさという程度差の基準にすれば、プロトタイプカテゴリができます。図3は、大きい服・小さい服という2つのプロトタイプカテゴリを描いたものです。

図3

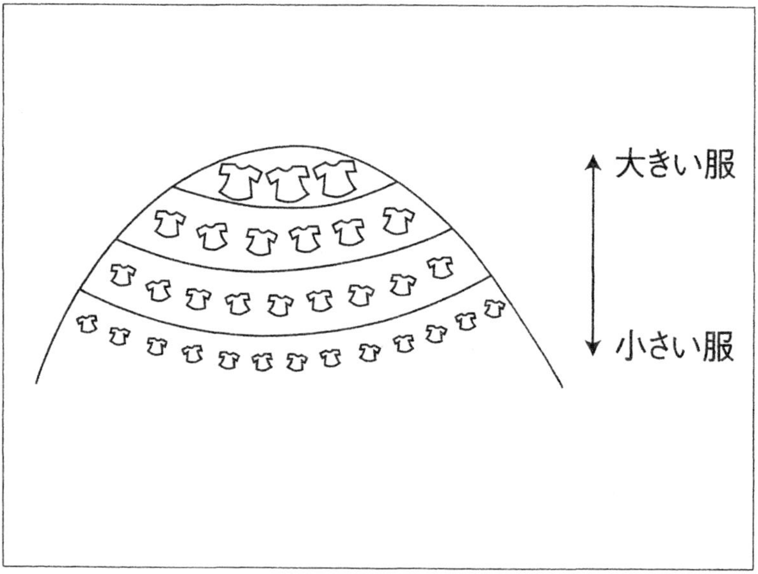

↑大きい服

↓小さい服

　図3では、大きい服ほど高いところに置かれ、小さい服ほど低いところに置かれています。大きい服というカテゴリがどこで終わり、小さい服というカテゴリがどこから始まっているのかはぼやけていて、はっきりしません。プロトタイプカテゴリでは、同じカテゴリのメンバー同士の程度差が重要で

す。また、カテゴリの境界はなだらかでぼやけています。なお、**プロトタイプ**は典型という意味です。

　ブールカテゴリとプロトタイプカテゴリについて考えていくと、科学の伝統を覆しかねない大問題に発展するようですが、ここではこれ以上述べません。言語記号「まだ」の意味が、ブールカテゴリとプロトタイプカテゴリの両方を使ってはじめてとらえられるように、言語研究においてはどちらのカテゴリも重要だと理解しておいてください。

【名詞とモノ、動詞とデキゴト】

　準備がそろったので品詞の話に戻りましょう。品詞は代表的な文法カテゴリだと述べてきました。つまり、ある言語記号の品詞が何かということは、その言語記号の意味とは関連しているけれども、一応別物だと述べてきました。これがどういうことなのかをもう少し詳しく説明しておきましょう。

図4

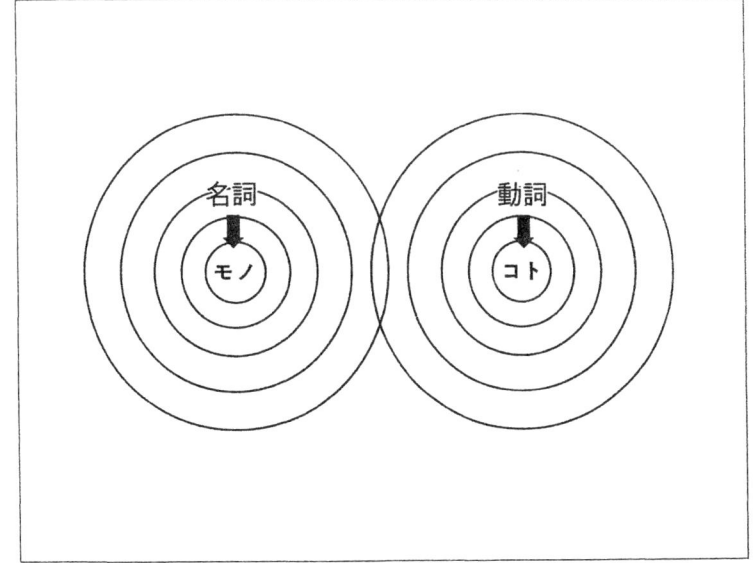

　まず、品詞が意味と関連していることについてお話しします。これは具体的に言うと、名詞とモノが結び付き、動詞とデキゴト（コトという場合もあります）が結び付くということです。私たちはいろいろな事物を大きくモノ

とデキゴトに分けて識別しています。私たちの心の中にはモノ・デキゴトという2つのカテゴリがあるわけです。ただし、モノだとかデキゴトだとかいうのは程度問題で、例えばパーティーのように、ある程度はモノ、ある程度はデキゴトというのは珍しくありません。つまりモノカテゴリもデキゴトカテゴリもプロトタイプカテゴリです。これらのプロトタイプカテゴリに対応しているのが品詞で、品詞もプロトタイプカテゴリです。名詞は、モノを意味する言語記号の品詞というプロトタイプカテゴリで、動詞は、デキゴトを意味する言語記号の品詞というプロトタイプカテゴリです（図4）。

このように、プロトタイプカテゴリという考えを採り入れた上で、名詞とモノ、動詞とデキゴトを結び付けると、いろいろなことが説明できます。

【普遍性の高い品詞とそうでない品詞】

日本語の形容名詞に対応する品詞は英語にはありませんし、英語の関係代名詞に対応する品詞も日本語にありません。このように、ある言語にどのような品詞があるかは、その言語によってさまざまです。

ところが、日本語の名詞は英語のnounにだいたい対応し、日本語の動詞は英語のverbにだいたい対応します。名詞と動詞という2つの品詞は、（少なくともほとんど）すべての言語が持っているわけで、普遍性が高いということができます。

品詞の中で、なぜ名詞と動詞は普遍性が高いのでしょうか？　名詞とモノ、動詞とデキゴトの結び付きを認めると、この問題には「人間にとってモノとデキゴトの違いは重要なので、（ほとんど）すべての言語で名詞と動詞の区別がある」という解答ができます。形容詞は、あまりモノらしくもないし、デキゴトらしくもない、つまりサマ（状態）を表します。サマというモノとデキゴトの中間的なカテゴリ（これももちろんプロトタイプカテゴリです）を設けて、これに名詞でもなく動詞でもない、第3の品詞（形容詞）を対応させる言語は（日本語はその1つです）、それほど一般的ではありません。

【お父さんする・子供する】

「今度の週末はお父さんしないといけない」などと言う人がいます。「今度の週末は子供しないといけない」などと言う人はあまりいないようです。「お父さんする」も「子供する」も、完全に自然というわけではありませんが、

「お父さんする」の方が「子供する」よりも、少しマシなようです。なぜでしょう？

　それはお父さんの方が子供より、モノらしくなく、デキゴトらしいからです。お父さんというのは家庭内での役割であって、家を一歩出ればもうお父さんではなく1人の中年の勤め人などですが、子供というのはどこへいってもたいてい子供ですから、それだけ子供は安定的でモノらしいと言えます。そこで、「子供」よりも動詞的な「お父さん」の方が、「する」を付けて動詞にしやすいということです。

【違うかった・殴るかった】

　関西の方言では、「思ってたのと、違った」という意味で「思ってたのと、違うかった」などと言うことがあります。しかし、「彼を殴った」という意味で「彼を殴るかった」と言うことはありません。「殴るかった」と違って「違うかった」と言うのは、なぜ自然なのでしょう？

　この問題に対して完全な答えを用意することは、現時点ではできません。「動詞＋かった」が自然になるという現象が、なぜ起こるのかは、よくわかりません。ただし、その現象が「殴る」のような動詞に起こらず、「違う」のような動詞に起こるということは説明できます。つまり、「殴る」と違って「違う」の意味はあまりデキゴトらしくなく、かなりサマ（状態）らしいので、「まずかった」のような形容詞的なコンジュゲーションをしたとしても不思議ではありません。言語記号「違う」の品詞は、動詞というプロトタイプカテゴリのへりあたりに位置していますが、この位置は、隣の形容詞というプロトタイプカテゴリのへりあたりとも言えるわけです。これも、コンジュゲーションを複雑にする事情と言えるでしょう。

　品詞が意味と関連しているというのは、具体的には以上に例示したようなことです。しかし、どのような品詞の違いもすべて意味の違いとして説明できるかというと、なかなか難しいようです。例えば、「三角」や「五角」と違って「四角」だけが、直後に「い」が付く（つまり形容詞になれる）のはなぜでしょう？　「まっ白い」が自然なのに「まっ青い」が不自然なのはなぜでしょう？　「暖かな日」が自然で「寒な日」が不自然なのはなぜでしょう？「こまかなタッチ」が自然で「あらなタッチ」が不自然なのはなぜでしょう？

――これらは、意味の違いとして絶対に説明できないわけではないかもしれませんが、相当難しい説明になりそうです。品詞と意味の間に、完全に厳密な対応関係を見出すことは現時点では難しいでしょう。品詞は意味と関連しているけれども、意味と切れているところもあり、意味とは別物と考えておいた方がよいと思います。品詞を文法カテゴリというのは、こういうことです。

応用問題

問題1 次の文章は、日本語教育能力検定試験の問題文を参考に作られたものです。よく読んで空欄を埋めなさい。

　日本語の動詞の活用は規則的なので、個別に述べておかなければならないことは少ない。とはいっても、日本語にも次のような不規則な部分がある。
　日本語の動詞は活用の仕方によって**五段動詞（子音語幹動詞、強変化動詞）と一段動詞（母音語幹動詞、弱変化動詞）**に分けられるが、そのどちらにも入れられない動詞として〔　(1)　〕がある。これら以外の動詞はすべて五段動詞か一段動詞だから、どのような活用形もそれぞれの規則でできるはずである。ところが、活用形は場合によっては規則に従わず、特殊なものになる。それは次のような場合である。「～ない」の形については「ある」が例外になる。「あらない」とは言わないからである。同様に、「～ます」の形については〔　(2)　〕が例外、「～て」の形については〔　(3)　〕が例外になる。「書け」「見ろ」のような命令形については〔　(4)　〕が例外になる。

解説　いかがですか？　(1)はカ変の「来る」とサ変の「する」です。五段動詞とは子音動詞、つまり語幹の形式が子音音素で終わる動詞です。一段動詞とは母音動詞、つまり語幹の形式が母音音素で終わる動詞です。例えば「読む」「書く」は、語幹の形式が/yom/と/kak/で、末尾は/m/と/k/なので五段動詞です。「見る」「寝る」は、語幹の形式が/mi/と/ne/で、末尾は/i/と/e/なので一段動詞です。「来る」「する」の語幹は/k//s/なので、これだけ見れば五段動詞ですが、活用が不規則なので別扱いされています。(2)は「なさる」「くださる」で、「おっしゃる」を加えてもいいでしょう。(3)は「行く」ですね。今ではあまり使われませんが「問う」も「問って」ではなく「問うて」になります。(4)は「くれる」「くださる」「なさる」ですね。

問題2 次の文章は、日本語教育能力検定試験の問題文を参考に作られたものです。よく読んで空欄を埋めなさい。

　言語の第一次分節の単位は、[　(1)　]を担う最小の単位つまり形態素である。形態素は、単独で用いることができる**自由**なものと、それだけでは用いることのできない**束縛的**なものの2種類がある。例えば「バナナ」は自由だが、「非公式」の「非」は束縛的である。束縛的な形態素は語構成上の接続の仕方から**接頭辞、接尾辞、接中辞**などと呼ばれることがある。具体例を挙げると[　(2)　]は接頭辞、[　(3)　]は接尾辞である。

　例えば動詞「寝る」は「寝」と「る」に分解できるが、「読む」では、動詞の**語幹**がyomだとすると残りはuということになってしまう。このような場合、形式uも形式ruも共に、「る」の[　(4)　]という。

　英語の活用では、動詞語幹の形態素と過去の時制を表す形態素の境界を見つけだせない場合がある。「訪ねる」という動詞の過去形はvisitedで、動詞の語幹visitと過去の時制を表すedに分解することが可能である。ところが、「行く」という動詞の語幹はgoだが、過去形はwentである。後者には語幹と時制の接辞の境界がない。このような場合、wentという形はgo＋過去時制の[　(5)　]と呼ばれる。

　接辞はその機能から**派生接辞**と**屈折接辞**に分けられる。前者は意味を付加したり品詞を変える機能を持ち、後者は時制や複数語尾、格変化などの文法的機能の表示に携わる役目を持つ。具体例を挙げると、日本語の派生接辞としては[　(6)　]、屈折接辞の例としては[　(7)　]などがある。両者の配列順序は[　(8)　]である。

解説　(1)は「意味」ですね。(2)は「真正面」の「真」、「小生意気」の「小」、「大掃除」の「大」などを自由に挙げてください。(3)も「書き方」の「方」、「中華風」の「風」、「風邪気味」の「気味」その他、いろいろ考えてみてください。(4)は**「異形態」**、(5)は**「補充形」**といいますので覚えておいてください。(6)は、例えば名詞「春」に付いて全体「春めく」を動詞にする「めく」(mek)などでよいでしょう。(7)は、例えば「食べた」の「た」などでよいでしょう。(8)は「春めいた」などで分かる通り、「派生接辞が屈折接辞より前」です。

要点整理

1. 品詞は、あなたの心の中にある。あなたの心の中に品詞があるおかげで、あなたはごく少数の規則だけで言語記号をつなぎ、より大きな言語記号を作り上げていくことができる。

2. 言語記号と同様、品詞にもさまざまなサイズがある。全体の品詞は、主要部の品詞によって決まる。

3. 活用(コンジュゲーション)とは、動詞などの形式が、人称・数・時制・ムード・ヴォイスといった文法カテゴリに応じて変わることである。

第4章 言語に関する素朴な疑問

この章の目標

I. 言語学に対するイメージを、隣接分野も含めて具体的なものにする。

II. 上の点を通じて、入門書や参考書、検定試験の文章が理解できるようになる。

　既にあなたは、言語学の基礎をかなり勉強したことになります。最後の仕上げとして、言語に関してだれもがよく疑問に思うことを取り上げてみましょう。言語や言語学に対するイメージを、さらに具体的なものにしてください。この章の問題はどれもこれも、少しとっつきにくいですが、楽しんで考えてください。

第1節 動物と話をするにはどうしたらいいのか？

基本問題

問題1 動物と話をするにはどうしたらいいのか、考えなさい。

解説 例えば、道端でじゃれている野良ネコたちは、ネコ同士でいろいろなことを伝え合っているように見えます。一度仲間に入ってネコの本音を聞いてみたい、などと思うのは私だけではないでしょう。

　動物と話をしたいという願いは、人間にとって昔からの願いと言えます。動物と話をするにはどうすればいいでしょうか？　動物同士のコミュニケーションの方法を調べ上げ、それを人間がマスターすればいいかもしれません。では、動物たちはどんなふうにコミュニケーションを行っているのでしょうか？

　動物のコミュニケーションは、私たちが想像するよりもはるかに多彩な方法で行われています。例えば、においに対してあまり敏感でない私たちは、動物のコミュニケーションを考える時にも、においのことをつい忘れてしまいがちですが、アリやゴキブリなども含めて多くの動物はにおいを使ってコミュニケーションしています。

　また、人間は他人に話しかけたり、話しかけられたりと、よく音でコミュニケーションを行いますが、実際には音といってもごく限られた音しか人間には聞こえていません。だいたい20ヘルツの音（ものが1秒間に20回震えてできる音）よりも低い音は聞こえませんし、だいたい2万ヘルツの音（ものが1秒間に2万回震えてできる音）よりも高い音も聞こえません。イルカやクジラが、人間には聞こえない高い音（超音波）まで使ってコミュニケーションしていることは、よく知られています。

　動物によっては、特に高度なコミュニケーションが行われます。例えば**ベルベットザル**は何種類もの鳴き声を使い分けて、敵の種類を仲間に知らせます。ヘビが来た時と、ヒョウが来た時とで、違った鳴き方をするわけです。第2章でちらっと言いましたが、**クモザル**は仲間を呼び分けています。仲間Aに呼びかける時と、仲間Bに向かって鳴く時とで、鳴き声は違います。これは「名指し」といってもいいかもしれません。

サルのような、見るからに高等そうな動物ばかりではありません。**ミツバチ**にしても、花畑の位置を高度なダンスや羽音で仲間に伝えることが知られています。動物のコミュニケーションの方法と人間の言語の間に決定的な境界線を引こうという試みは、何人もの言語学者が行っていますが、なかなか難しいところがあります。

　このような動物のコミュニケーションの多彩さ、高度さを知ると、あなたは動物のコミュニケーションの方法を「**動物言語**」と呼びたくなり、それを研究する学問を「**動物言語学**」と呼びたくなるかもしれません。さらに、動物言語と人間の言語を、連続的なものだと（つまり両者の違いは質的なものではなく、ある性質が強いか弱いかといった程度差にすぎないと）考えたくなるかもしれません。実際、そう呼び、そう考える人たちもいます。彼らが正しいかどうかは、「言語」という用語の定義次第でしょう。「言語とは何か？」という、第2章でお話しした問題は、例えばこんなところにも関係してきます。

動物と話をしたいという昔ながらの願いについて、もう少し考えてみましょう。確かに、ミツバチのダンスを調べ上げてマスターすれば、われわれはミツバチとコミュニケーションできるようになるかもしれません。しかし、コミュニケーションがどれほど進んでも、六角形のきれいな巣穴を作るコツや、毒針を尻に付けている気分などをミツバチから聞き出すことはできないでしょう。ミツバチとどれほど語り合っても、話題は巣箱近くの花畑だけです。もう少し実のある話を、動物とすることはできないものでしょうか？

動物と話をするにはどうしたらいいのか？

=== 基本問題 ===

問題2　動物は人間の言語を教わればマスターできるかどうか、考えなさい。

解説　問題1で検討したのは、動物のコミュニケーションを人間が勉強するという方法でしたが、逆に、動物が人間の言語をマスターして、ついでにちょっと賢くなってくれれば、少しは実のある話ができるかもしれません。もともと賢いとされており、遺伝子のほとんどが人間と共通するチンパンジーなら、特に見込みがあるかもしれません。（ライバーという認知科学者によれば、人間とチンパンジーの交配も可能だそうで、それぐらい人間とチンパンジーは近いのだそうです。）

人間の赤ん坊は、親たちから絶えず話しかけられています。これは、もものすごい言語トレーニングを毎日受けているのと同じことです。人間の赤ん坊と同じようにチンパンジーを育てれば、チンパンジーも人間の子供と同じように、人間の言語をマスターできるのではないでしょうか？
　この考えを、実際に試した人たちがいます。1950年前後の数年間、ヘイズ夫妻はヴィッキーという1匹の幼いメスのチンパンジーを人間の子供同様に育て上げました。しかし、成長したヴィッキーはいろいろなことを人間の5才児並みにできるようになったものの、人間の言語（アメリカ英語）はひいき目に見ても数語しかしゃべれなかったといいます。
　その後もチンパンジーには、ガードナー夫妻が手話を教えたり、プリマック夫妻がトークン（積み木のようなもの）を使った言語を教えたりしています。教えられたチンパンジーたちは、ヴィッキーと比べるとずっとよく「しゃべった」そうです。人間とチンパンジーとでは発声器官が大きく異なるので、人間の発声器官にとって都合よくできている音声言語をしゃべれというのは、ヴィッキーには酷だったのでしょう。
　しかしながら、ヴィッキー以後のチンパンジーにしても、人間のようにこれまで聞いたことのない新しい文を次々作り出すという確証は得られずじまいでした。つまり、人間であれば、「毒針を尻に付けているというのはどんな気分ですか」などという文を生まれてこのかた聞いたことがなくても、ミツバチへの史上初のインタビューに質問者として参加するという状況になれば、即座にこのような文を作って発することができます。チンパンジーは人間と同じように自由にしゃべっているようでいて、実はいつか教わった言い回しを反復しているだけではないかという疑いは、完全に晴らされることはなかったのです。賢いチンパンジー（やボノボ）は、ランバウ夫妻が育てているカンジや、霊長類研究所のアイちゃんなどいろいろいますが、人間の言語を教えること自体を主目的にしたチンパンジー（やボノボ）の養育は、下火になっているようです。

　ひょっとしたら、このような研究に従事する人たちを、あなたは不思議に思うかもしれません。チンパンジーを数年間、家族同様に扱い続けるというのは、たいへんな苦労です。

応用問題

問題1 「チンパンジーは人間の言語をマスターできるか？」という問題は、そこまでの苦労をしてまで解明する値打ちがあるものなのか、考えなさい。

解説 もちろん、値打ちがあるかどうかの判断は人によってさまざまでしょうが、1つ言えるのは、「チンパンジーは人間の言語をマスターできるか？」という問題は、今あなたが想像しているよりもはるかに重大な問題だということです。というのは、この問題は、「人間とは何か？」「心とは何か？」といった根本的な問題に、直結するからです。以下、これを分かりやすいように、極端に単純化して説明しましょう。

「人間とは何か？」「心とは何か？」といった根本的な問題に関しては、西欧の哲学では2通りの答えが出されており、どちらが正しいかをめぐって、古くから対立がありました。

1つの答えは、**ロック**などの**経験主義**です。経験主義によれば、人間はほかの動物と本質的に変わらず、生まれた時は心は白紙（タブラ・ラサ）、つまり空っぽの状態です。そこにさまざまな経験が刻み込まれ、例えば青信号なら歩く、赤信号なら止まるといった形で、刺激（青信号・赤信号）と反応（歩く・止まる）が結び付けられ、人間の行動ができあがっていきます。人間が言語をマスターするために一番重要なことは、親などから絶えず話しかけられるという刺激（言語トレーニング）を受けることです。

もう1つの答えは**デカルト**などの**合理主義**です。例えばクモは、親グモに教えてもらわなくても複雑な形の巣を作れます。複雑な巣を作る能力が、クモには生まれつき備わっているわけです。人間も同じことです。生まれた時の人間の心は空っぽではありません。人間には、高度な思考や判断を行う能力（合理性・知性）が生まれつき備わっています。言語をマスターする能力は、この能力の一部です。つまり人間はほかの動物と違って、はじめからしゃべるようにプログラムされています。言語をマスターするように生まれついていないほかの動物は、いくらトレーニングして経験を積んでも、言語をマスターすることはできません。以上が合理主義の考え方です。

なお日常会話などでは、感情より理屈を優先させる態度を合理主義と呼んだり、理屈にかなっていることを合理的と呼んだりすることがありますが、それらはここでの合理主義とは別物だと、今は考えておいてください。

上でお話しした2つの答えの対立は、哲学だけではなく、心理学や言語学にも及んでいます。極端に単純化して言ってしまうと、経験主義と仲が

動物と話をするにはどうしたらいいのか？

いいのは、**行動心理学**と**アメリカ構造主義言語学**です。合理主義と仲がいいのは、**認知心理学**と**生成言語学**です。

　行動心理学とアメリカ構造主義言語学は、共に今世紀前半に隆盛を極めた学派で、客観的立場を徹底しようとする点で似ています。「客観的立場を徹底しようとする」というのは、厳密に客観的なデータだけしか認めようとしないことです。これはあなたには、無条件で正しそうに聞こえるかもしれませんが、実は、近代科学の最先端と言える量子力学でも、客観的立場を本当に徹底することは難しいのではないかと言われているようです。まして心理学や言語学のような、心に深く関係する学問領域において、客観的立場を徹底しようとすることが正しいかどうかは、研究目的にもより、簡単には決められないところだと思います。

　行動心理学は、客観的立場を徹底しようとするために、心の中身を論じないという姿勢をとります。有名なパブロフのイヌを例えにとると、イヌに聞かせるベルの音は客観的に測定できるから論じるし、ベルを聞いたイヌが垂らすよだれも客観的に測定できるから論じるが、ベルを聞いたイヌの心（が仮にあるとしてその中）で起こっていることは、イヌの脳を解剖したとしても客観的に測定できないので論じないという姿勢、つまり**刺激**（ベルの音）と**反応**（よだれ分泌）だけを論じることで、心を論じることに代えようという姿勢です。「動物の心も人間の心も、刺激に対して自動的に反応を返すだけだ」という経験主義の考え方は、この姿勢に根拠を与えてくれます。

　同様にアメリカ構造主義言語学は、客観的立場を徹底しようとするために、語句や文の意味を実質的に論じない（論じようとしない）という姿勢をしばしばとります。語句や文の意味は、人によって微妙な違いがあり、客観的に測定できるようなものではない、だから論じないという姿勢です。語句や文が文章中どこに現れるかという問題（これならまだ客観的に論じることができます）が、語句や文の意味の問題として論じられることもあり、意味の実質的議論はとにかく避けられる傾向にありました。経験主義を取り入れて、語句や文の意味とは、刺激（その語句や文の音）を聞いてわれわれの心が自動的に返す反応にすぎないと考えれば、意味研究をとりあえず後回しにして、客観的に測定できる音の研究を中心に進めることができます。行動心理学とアメリカ構造主義言語学が経験主義と仲が良いのは、以上のような事情によります。

　認知心理学や生成言語学は、今世紀半ばに誕生した**認知科学**という科学の下位分野です。認知科学とは心を解明しようとする科学です。認知科学を誕生させた中心人物の1人がチョムスキーで、生成言語学とはチョムスキーの言語学（主な流派だけ見ても、**初期理論→標準理論→拡大標準理論→修正拡大標準理論→統率と束縛の理論＝原理とパラメータのアプローチ→ミニマリストアプローチ**とめまぐるしく変化しています）のことです。

経験主義が説くように、心がもともと単なる白紙で、そこに経験が刻み込まれているだけなら、わざわざ解明の対象にはなりにくいでしょう。心を解明しようとする認知科学が、合理主義的な発想と結び付きやすいのは当然なのかもしれません。

もちろん上で述べたように、心というものは客観的立場を特に徹底させにくい性質を持っているので、議論がメチャクチャになってしまわないように、それなりの工夫が凝らされています。代表的なものとして、**反証可能性**というものを紹介しておきます。例えば、この世の成り立ちに関する、次のXとYの議論を見てみましょう。

X「この世はわしが作ったのじゃ」
Y「ウソだろう。おまえが生まれる前からこの世はあるぞ」
X「むはは、そうじゃろう。そう見えるように作ったのじゃ」

この議論では、Xの持ち出した仮説(「この世はXが作った」説)に対して、Yが証拠(Xが生まれる前からこの世はある)を挙げて反論しようとしています(つまり反証を試みています)が、Xは涼しい顔で、Yの反証は失敗だと答えています。Yがどのような証拠を挙げても、「そう見えるように作ったのじゃ」と言われればそれまででしょう。結局のところXの仮説は、どういう証拠が挙がれば誤った仮説ということになるのかがはっきりしません。つまり反証不能です。チョムスキーは、反証不能な仮説は持ち出してはならず、仮説はすべて反証可能でなければならないとしています(これは哲学者ポパーの考えを取り入れたものです)。

もっとも、以上で述べたのはあくまでも、極端に単純化された傾向にすぎません。3点だけ補足をしておきます。

第1点。上でアメリカ構造主義言語学について述べたことは、アメリカ構造主義言語学者のうち特にブルームフィールドに代表される考えを大幅に単純化したものです。アメリカ構造主義言語学がこうしたイメージで語られることは確かに多いですが、実際のアメリカ構造主義言語学はもっと多様で、人間の心を正面から論じる研究者もいます。サピアは音素が人間の心内に実在すると主張したり、人間のパーソナリティーを論じたりしています。ブルームフィールドにしても、意味研究の必要性を否定しているわけではありません。行動心理学にしても同様と思ってください。

第2点。認知科学では、人間だけでなく動物にも心や思考・判断能力を認めるという立場は、珍しくないどころか、むしろこの立場の方が普通と言えます。

第3点。さらに見逃せないのは、生成言語学内部での主導権争いに破れた学派(**生成意味論**と呼ばれています)が、穏やかな形で経験主義を取り入れ、1980年前後からは認知言語学という名の学派として再浮上し、かつ

動物と話をするにはどうしたらいいのか？

ての師であるチョムスキーの生成言語学と対立しているということでしょう。

ちょっとややこしいですが、認知言語学とは認知科学における言語学全般を指すものではなく、**レイコフ**や**ラネカー**といった人たちを中心とした特定の学派を指します。認知科学における言語学としては生成言語学、認知言語学、さらにほかにもさまざまな立場があり得るわけです。

認知言語学から激しく批判されているために、チョムスキーの生成言語学は「反認知的」というイメージで語られることもありますが、言語研究において人間の心を正面から論じる必要があると考えている（つまり認知主義を取り入れている）点では、生成言語学も認知言語学も同じです。

以上で述べてきたように、大まかな傾向を言えば、経験主義と合理主義は、哲学・心理学・言語学という学問分野を超えて対立しています。いずれの陣営でも相応の成果があがっており、優劣は簡単にはつけられません。

ここでもう一度、チンパンジーに人間の言語を教えようとする研究者たちについて考えてみましょう。もしもチンパンジーでも人間の言語をマスターできるということがはっきりすれば、人間とほかの動物とを区別する合理主義、特にチョムスキーの生成言語学は不利になり、経験主義は有利になります。逆に、いくら賢いチンパンジーを訓練しても人間の言語がマスターできないなら、合理主義が有利になり、経験主義は不利になります。「チンパンジーは人間の言語をマスターできるか？」という問題は、単にそれだけで終わってしまうような問題ではなく、「人間とは何か？」「心とは何か？」といった根本的な問いに、このような形で直結するわけです。もちろん、チンパンジーへの言語教育という実験だけで、これらの根本的問題に一気に決着がつくわけではありませんが、チンパンジー教育は、これらの根本的問題を考える上で大きな論点になります。つまり、確かに苦労してやるだけの値打ちがあるということになります。

問題2 テラスという研究者は、育てているオスのチンパンジーに、チンプスキーという名前を付けていました。これはどういうことなのか、推測しなさい。

解説 もちろんこれは、チョムスキーとチンパンジーを合わせて作った名前です。テラスのような、チンパンジーに人間の言語を教えようとする研究者たちの多くは、チンパンジーに人間の言語をマスターさせることを目指して日々頑張るわけですから、経験主義に立っていると推測できるでしょう。つまり合理主義的なチョムスキーとは敵対しているわけです。チンパンジ

―のチンプスキー君が人間の言語をマスターしてしまい、人間のチョムスキーがチンパンジーの分身と対決する羽目になるという構図を描いて、敵の名をもじったということでしょう。

[問題3] チョムスキーはパターン練習と呼ばれる語学の繰り返し練習をどう評価するか、考えなさい。

[解説] これも以上のことから推察がつくでしょう。繰り返し練習は、特定の刺激と反応の結び付けを狙っている点で、パブロフのイヌの実験と似ています。つまり、心に経験を刻み付ければうまくいくだろうという経験主義的な考えに基づいています。合理主義的なチョムスキーがこれを高く評価するはずがありません。

事実、チョムスキーは、「昔、プエルトリコでは子供に12年も英語を教える制度があったが、卒業時に子供らは英語で『こんにちは』も言えないぐらいだった。これは、言語が習慣の体系だと考えられ、この習慣を学ぶために退屈な繰り返し練習が行われていたためだ」という旨の発言をしています。

『デカルト派言語学』という本を書いているのはだれでしょう？ 答えはチョムスキーです。これも今お話ししたことから納得がいくでしょう。

日本認知科学会の学会誌の創刊号にチョムスキーが特別寄稿していることを知っても、あなたはもはや意外に思わないはずです。というのは、あなたは既に、チョムスキーが認知科学の誕生に関わった１人だと知っているからです。

動物と話をするにはどうしたらいいのか？

第2節 人間の言語能力は脳とどのように関わっているのか？

基本問題

問題 人間の言語能力は脳とどのように関わっているのか、考えなさい。

解説 生まれつきの資質によるところが大きいのか、経験によるところが大きいのかは別として、流暢(りゅうちょう)に語句や文を作る人間の心には、言語能力が備わっています。心は脳とは同じではありませんが、両者は互いに密接に結び付いています。

では、言語能力は具体的にどのような形で脳と関わっているのでしょうか？　ここではごく基本的な部分だけを述べておきます。

脳が損傷を受けると、その損傷の部分によっては、いろいろな障害が出る一方で会話は相変わらず流暢にできるということがあります。逆に、ほかのことは問題なくできるのに会話はできなくなるということもあります。このことから言語能力は、脳の全域とではなくて、脳の決まった部分とだけ集中的に関わっていると考えることができます。もっとも最近は、全域説も見直されているようですし、そもそも全域説と局所説の違いも結局は程度問題なのかもしれませんが、ここでは局所説の考え方を最も素朴な形で学んでおきましょう。

では、局所説の言う「脳の決まった部分」とは具体的に言って、どこなのでしょうか？　脳は左半球と右半球に大きく分かれており、能力も成長するに従い、左半球と右半球で大きく異なってきます（これを脳の側性化といいます）。一言で言えば、左脳には考える能力があり、右脳には感じる能力があります。

人間の言語能力は一般に、左半球にあるといわれています。さらに左半球の中でも特定の部分が突き止められています。語句や文を発する能力の中心は、ブロカという人が突き止めた部分（**ブロカ領**）にあるようで、ブロカ領に損傷を受けると、他人の話は理解できても自分からまともにしゃべることができなくなります。また、語句や文の意味を理解する能力の中心は、ウェルニッケという人が突き止めた部分（**ウェルニッケ領**）にある

ようで、ウェルニッケ領に損傷を受けると、自分からしゃべることはできても他人の話は理解できなくなります（図1）。

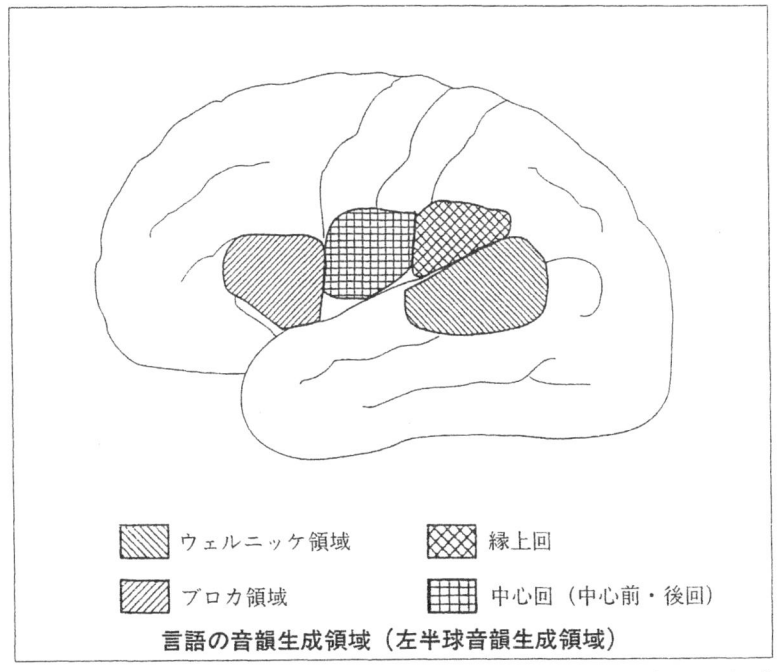

図1

言語の音韻生成領域（左半球音韻生成領域）

ウェルニッケ領域
縁上回
ブロカ領域
中心回（中心前・後回）

［山鳥重『ヒトはなぜことばを使えるか』p.114.（講談社）より］

人間の言語能力は脳とどのように関わっているのか？

第3節　人間であれば何もしなくても勝手にしゃべれるようになるのか？

基本問題

問題　人間であれば何もしなくても勝手にしゃべれるようになるのかどうか、考えなさい。

解説　人間でありさえすれば、特にトレーニングをしなくても、しゃべれるようになるのでしょうか？

そうではありません。合理主義に立つチョムスキーでさえ、言語音を聞くという経験の必要性は認めています。チョムスキーによれば、人間には生まれた時から、**言語獲得装置**が備わっています。言語獲得装置というのは、**普遍文法**（日本語や英語や中国語など、どんな言語にも共通する一般的な規則）と、普遍文法から**個別文法**を作り出す力（例えば、日本語の言語音を聞けば日本語文法を作るという力）のことです。私たちが日本語を話したり聞いたりできるのは、私たちの心の中に、この日本語文法という個別文法ができているからだと考えられています。しかし、言語音を聞かなければ、せっかく備わっている力は働かず、普遍文法から個別文法が作り出されないといいます。

興味深いのは、言語音を聞く時期によって、言語がマスターできたり、できなかったりするということです。動物が何かを学習できる若い時期を**臨界期**と呼びますが、**レネバーグ**という人の研究によると、人間の言語習得にも臨界期があり（だいたい10代前半まで）、その後で言語音を聞いても言語はなかなかマスターできません。オオカミに育てられた子供が、発見・救出された後でも人間の言語をマスターできなかったのは、言語音を聞かないまま臨界期が過ぎてしまったせいです。

言語音なしで臨界期が過ぎてしまった**野生児**は現代にもいます。**養育放棄**といって、親などが子供の養育を放棄してしまい、子供がオリに入れられ最低限の食糧しか与えられず、言葉もかけられずに放っておかれるということが時折あります。やはり救出の時期によって、救出後の言語獲得に影響が出ます。私たちの多くが高校や大学で第二言語や第三言語の勉強に苦しむのも、やはり臨界期を過ぎていることが影響していると考えられます。

第4節 言語は最初どのようにしてできたのか？

基本問題

問題 言語は最初どのようにしてできたのか、考えなさい。

解説 以上でお話ししてきたように、人間であっても、親などが言語音を聞かせてくれないと言語能力は備わりません。では、その親はどうやって言語能力を身に付けたのでしょう？ それは親の親が言語音を聞かせてくれたからでしょう。では、その親の親はどうやって言語能力を身に付けたのでしょうか？……このように考えていくと、「言語能力をこの世で最初に身に付けた人間は、一体どうやって身に付けたのか？」という言語の起源の問題（**言語起源論**）に行き当たります。

言語起源については、これまでにさまざまな説が出ています。「最初の人間が言語能力を神様から授かった」という説（神授説）から、「言語は人間が発明した」という説（ルソーやヘルダーの発明説）、さらには「叫びやかけ声や歌などが言語に進化した」という説（この説はダーウィンの進化論の影響を受けています）などが現れ、諸説入り乱れて議論の収拾がつかなくなりました。

その結果どうなったかというと、1866年、パリ言語学会において「言語起源は今後一切論じないことにする」という決議がなされました。この決議に世界中の言語学界が拘束されなければならない理由などありませんが、確かにパリ決議は1つの象徴的な出来事だったようです。その後、言語学では言語起源が論じられないまま約100年が経過します。しかし、客観主義の呪縛が解けた現在、言語起源は認知科学的な観点から再び論じ始められています。

第5節 言語はどれぐらいさかのぼれるのか？

基本問題

問題 言語はどれぐらいさかのぼれるのか、考えなさい。

解説 言語起源論とはケタが違いますが、数千年ぐらいなら、現在の言語からさかのぼってたどっていけることもあります。

例えば、ある言語Aにはもともと2つの**方言**PとQがあったが、時代が経つにつれPとQの違いが激しくなり、もはや同じ言語の2方言とは言えなくなったとします。(念のために言っておくと、ここでいう方言とは、地域による方言(**地域方言**)のことであり、社会階層による方言(**社会方言**)は含まないとします。) この時、言語Aは言語P・言語Qという2つの言語に分かれたことになります。これは、**親言語**(**祖語**とも呼ばれます)であるAが2人の子供言語PとQを残して死んだと見ることもできます。親言語を幹、子供言語を枝に見立てて、このような言語間の系統(親子関係や兄弟関係など)を1本の木として示すのが、**シュライヒャー**という研究者が考案した**言語系統図**です。言語系統図を見れば、どの言語からどれどれの言語が生まれたかが簡単に分かるようになっています。すべての言語の系統について研究者の意見が一致しているわけではないので、研究者によって言語系統図の細部には違いがあります。図2は、言語系統図の一例を、ごく一部分だけ簡単に挙げたものです。言語系統図は木のイメージそのま

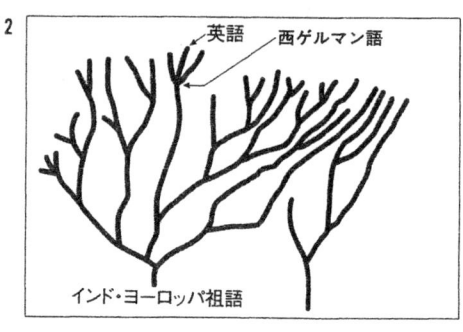

図2

まなので分かりやすいですが、この本では言語系統図はごく簡単に済ませて、表（言語系統表）を併記しておきます。言語の詳しい変遷は、言語系統表の方を見てください。

言語系統表

1. 歴史時代の言語名は並列されているが、最古の文献の年代は同じではない。空らんの所も勿論古代・中世の言語があったが、主要なもの以外は省略した。
2. 語族の確立していないものは諸言語としてまとめてある。

語族・語派		歴史時代		主要現代語
		紀元前	紀元後	
1. インド・ヨーロッパ語族（印欧語族）				
インド・イラン語派	インド語	ヴェーダ語 サンスクリット	パーリ語 プラークリット語	ベンガル語 ヒンディー語 ウルドゥー語 パンジャブ語 グジャラーティー語 マラーティー語 ネパール語
	イラン語	アヴェスタ語 古ペルシア語	パーレビ語 ソグド語	現代ペルシア語 クルド語 パシュトー語
アルメニア語派				アルメニア語
アルバニア語派				アルバニア語
バルト語派			古プロシア語	リトアニア語 ラトヴィア語
スラヴ語派	南スラヴ語		古代教会スラヴ語	ブルガリア語 スロヴェニア語 セルボ・クロアチア語
	西スラヴ語			スロヴァキア語 チェコ語 ポーランド語
	東スラヴ語			ロシア語 ウクライナ語 白ロシア語
ギリシア語派		諸方言	コイネー・ギリシア語	ギリシア語
イタリック語派	ラテン語	古典ラテン語	俗ラテン語	イタリア語 スペイン語 ポルトガル語 フランス語 レト・ロマン語 ルーマニア語
	オスク・ウンブリア語	オスク語 ウンブリア語		

言語はどれぐらいさかのぼれるのか？

語族・語派		歴史時代 紀元前	歴史時代 紀元後	主要現代語
ケルト語派	ゴール語	ケルト語碑文		
ケルト語派	ブリタニック語			ヴェールズ語 ブルトン語
ケルト語派	ゲーリック語		古アイルランド語	アイルランド語 スコットランド語
ゲルマン語派	東ゲルマン語		ゴート語	
ゲルマン語派	北ゲルマン語		古ノルド語	アイスランド語 ノルウェー語 スウェーデン語 デンマーク語
ゲルマン語派	西ゲルマン語		古高・中高地ドイツ語 古期・中期英語	ドイツ語 オランダ語 フリジア語 英語 アフリカーンス
トカラ語派			トカラ語	
ヒッタイト語派		ヒッタイト語		
II. セム語族				
東セム語派		アッカド語 スメル語		
西セム語派		ウガリット語 アラム語 シリア語 フェニキア語 ヘブライ語		ヘブライ語
南セム語派		古典アラビア語		アラビア語 エチオピア語
III. ハム語族				
		古エジプト語	コプト語	エジプト語
				チャド諸語
			リビア語	ベルベル諸語
				クシ諸語
IV. ウラル語族				
フィン・ウゴル語派			古ハンガリー語	フィンランド語 エストニア語 ラップ語 モルドヴィン語 ハンガリー語
サモイェード語派				サモイェード諸方言
V. アルタイ諸語				
チュルク語派			古チュルク語	トルコ語 ヤクート語
モンゴル語派				モンゴル語
ツングース語派				満洲語 オロッコ語

語族・語派		歴史時代 紀元前	紀元後	主要現代語
	ツングース語派			エヴァンキ語 オロチ語
VI. **シナ・チベット語族**				
	中国語派	シナ語		北京官話 諸方言
	チベット・ビルマ語派			チベット語 ビルマ語
	タイ語派			タイ諸語
VII. **マライ・ポリネシア語族（オーストロネシア語）**				
	インドネシア語派			インドネシア語 マライ語 ジャワ語 タガログ語
	メラネシア語派			フィージー語,トンガ語 ソロモン，ビスマーク， マーシャル各諸島，お よびミクロネシア各島 の言語
	ポリネシア語派			ハワイ語 タヒチ語 サモア語
VIII. **オーストロ・アジア語族**				ヴェトナム語 モン・クメール諸語 ムンダ諸語
IX. **アフリカ諸言語**				
	ニジェール・コルドファン語族			スワヒリ語 ズールー語
	ナイル・サハラ語族			スーダン諸語
	コイサン語族			ブッシュマン語 ホッテントット語
X. **アメリカ・インディアン諸言語**				アメリカ・インディアン諸語
XI. **オーストラリア諸言語**				オーストラリア諸語
XII. **ドラヴィダ諸言語**				タミル語 テルグ語
XIII. **コーカサス諸言語**				グルジア語 その他コーカサス諸語
XIV. **孤立した言語**				
	極北諸言語			アイヌ語 ギリヤーク語 カムチャダール語 アレウト語 エスキモー語
	その他		古代朝鮮語 古代日本語	バスク語 朝鮮語 日本語（琉球語）

言語はどれぐらいさかのぼれるのか？

［田中春美他『言語学演習』（大修館書店）より］

まず、言語系統図の根元の部分（図2の下側）というか、言語系統表の左側の部分に注目してみましょう。少なくとも通説では、もともとの言語はインド・ヨーロッパ語族をはじめ、幾つかの語族（つまり言語系統図で言えば何本かの大木）に分かれています（仮に表1に示した考えなら14本です）。それら大木を幹とする超極太の大木（すべての言語を生みだした大元の言語）などというものは普通考えられていません。つまり通説では、言語は最初1つ（この考えを**一元説**といいます）ではなく、最初から複数あった（**多元説**）と考えられています。一元説の方がイメージしやすいかもしれませんが、資料を基にして言語をさかのぼっていこうとする限り、多元説の方が現実的な考えと言えます。

　次に、言語系統図の枝葉の部分（図2の上側）というか、言語系統表の右側の部分に注目しましょう。ここにはたくさんの言語の名前が挙げられるはずですが、言語系統図の方はスペースの関係でほとんど省略し、英語という1つの言語を例として挙げるにとどめてあります。言語系統表の方も、言語が残らず書かれているわけではありません。というのは、この世に存在が確認されている言語は、数千個といわれているからです。また、言語系統表の末尾には「孤立した言語」という一群があります。日本語やアイヌ語や朝鮮語などが入っていますが、これらの言語は、系統がまだ明らかではありません。

　日本語は、アイヌ語、朝鮮語、トルコ語、チベット語、ビルマ語、タイ語、インドネシア語、タガログ語、ヴェトナム語、タミル語その他、さまざまな言語との同系性がさまざまな立場から主張されてきましたが、まだ決着はついていないようです。

　もっとも、日本語が沖縄の琉球語と同系で、約1,700年前に両者が分岐したということ（これは今から約100年前にチェンバレンという人が論じています）は認められています。表1で「日本語(琉球語)」と書かれているのは、そのためです。

　言語系統図を作るには、さまざまな言語が歴史的にどう変わっていったのかを知る必要があります。こうした知識を探求する言語学を**歴史言語学**や**比較言語学**と呼びます。西欧由来の近代言語学は、実は歴史言語学や比較言語学から始まっています。

　ことの発端は、18世紀後半にイギリスから判事としてインドに赴任した**ジョーンズ卿**が、インドの古い言語（サンスクリット語）がギリシア語やラテン語と類似していることに気付き、これらの言語が実は親戚で、同じ1つの源から生まれたのではないかと講演したことです。この源は、のちにインド・ヨーロッパ祖語（印欧祖語）と呼ばれることになります。

　インド・ヨーロッパ祖語とゲルマン祖語（表1の東ゲルマン語・北ゲルマン語・西ゲルマン語を生んだ親言語）との音韻の関係を述べたものに、グリム童話で有名なグリム兄弟の兄が立てた法則（**グリムの法則**）があり

ます。また、グリムの法則の例外を説明したものに、**ヴェルネルの法則**や**グラスマンの法則**があります。というより、まずグリムの法則やヴェルネルの法則、グラスマンの法則が立てられ、その成果に基づいて、インド・ヨーロッパ祖語を再建する方法が考え出されたというのが正しい順番です。そして、この方法を考え出したのがシュライヒャーという研究者です。先にお話ししたように、シュライヒャーは言語系統図を初めて作ったことでも知られています。

【歴史言語学・比較言語学・対照言語学】

なお、ここで「歴史言語学」と「比較言語学」について述べておきます。「歴史言語学」と「比較言語学」は、同じ意味で使われることもありますが、使い分けられることもあるので、それを説明しておきましょう。先の話と同じように、親言語Aから子供言語Pと子供言語Qが生まれたとします。狭い意味での歴史言語学とは、親（言語A）から子（言語P・Q）への顔かたちの変化の詳細を解明しようとする学問を指します。、親子3人（言語A・P・Q）の顔かたちがすべて資料によって分かっていることが歴史言語学の前提になります。

比較言語学の場合、この前提は崩れています。よくあるのは、子（P・Q）の顔かたちは資料によって分かっているけれども、その子らを残して死んだ親（A）の顔かたちを教えてくれる資料が現存していないというパターンです。この時、子供らの顔かたちを比べることによって、親の顔かたちを復元する（「祖語を**再建**する」「祖語を**再構**する」）学問が比較言語学と呼ばれます。

ただし、比較言語学を含めて広い意味で歴史言語学と呼ぶこともあるので注意が必要です。歴史言語学にはさらに、例えば「現代日本語はこの30年でどう変わったか」のように、一言語の歴史的変化を解明する学問も含まれることもあります。

こうした広い意味での歴史言語学は、**通時言語学**と呼ばれることがあります。「通時」とは、時間を通して見る、歴史的に見るということです。反対に、時間を通して見ないということを「**共時**」と呼びます。歴史的なことはとりあえず置いておいて現代日本語の文法構造を調べるというのは**共時言語学**です。歴史的なことはとりあえず置いておき古ハンガリー語の音韻体系を調べるというのも共時言語学です。

言語はどれくらいさかのぼれるのか？

比較言語学と名前の似た学問として**対照言語学**がありますが、両者は全く別物です。対照言語学の目標は祖語の再建ではありません。言語同士の似ている点と違っている点を明らかにすることです。そのためにとにかく複数の言語を比べてしまいます。比べられる言語同士が同時代であるかどうか、親戚である（同じ**言語系統**に属している＝同じ**語族**である）かどうかは問いません。現代日本語と古代教会スラヴ語を比べても構いませんし、現代ハワイ語と現代タヒチ語と古エジプト語を比べても構いません。

【言語同士を比べることの難しさ】

歴史言語学にしても対照言語学にしても、言語同士をうまく比べることができれば、1言語だけを見ていたのではなかなか気付かないようなことが分かってきます。しかし、言語を比べるには難しさもあります。それは一言で言うと、「確実で厳密な物差し」がないということです。

奈良の大仏と鎌倉の大仏でどちらが高いか比べるのに、両方の大仏を実際に並べて目測するというのは大変です。せっかく苦労して並べたところで、もしも高さがほとんど違わなければ、どちらが高いのか、目測で判断できないかもしれません。奈良の大仏は何メートル何センチ、鎌倉の大仏は何メートル何センチというふうに、両方の大仏を共通の物差し（メートル法）で測れば、確実に厳密に高さを比べることができます。

しかし、メートル法はいつも確実で厳密な物差しというわけではありません。例えば、昨日見た夢と一昨日見た夢を比べるとしたら、メートル法は使いものにならないでしょう。何でもかんでもメートル法で測れるわけではないのです。重要なのは、ものに応じた物差しを選ぶことです。

では、夢と夢を確実に厳密に比べるには、どんな物差しがよいのでしょうか？　登場人物の数でしょうか？　夢の中の天気でしょうか？　それともストーリーの面白さでしょうか。あれこれ悩んでも、完璧な物差しはそう簡単には分からないでしょう。

今お話ししたことからすると、「物差しを使って夢を測定する前にまず、夢の測定に完璧に適した物差しを突き止めるべき」という考えは、一見堅実に思えますが、実はあまり現実的な考えとは言えないようです。これではいつまで経っても夢は測定できないでしょう。むしろ、「完璧な物差しでなくていいから、とりあえずなんとか使えそうな物差しを使って、とにかく夢を比べ

てしまえ。夢を比べた結果からいろいろ分かってくることがあるだろうから、それを参考にして、物差しを少し改良し、その新しい物差しでまた夢を比べよう。そうするとまた新たに分かってくることがあるだろうから、それを反映させて新しい物差しを作り、それでまた夢を比べ直そう」というやり方の方が、現実的で見込みがありそうではないでしょうか？　「物差しの検討」が完全に終わってはじめて「物差しを使った測定」が行えるというのではなくて、「物差しの検討」と「物差しを使った測定」の両方を並行して行う、研究者は両方の間を行ったり来たりするというやり方です。

　言語と言語を比べるということは、今述べた、夢と夢を比べることとよく似ています。メートル法のような確実で厳密な物差しがはじめからあるわけではなく、研究者たちは皆、暫定的な（つまり、とりあえずの）物差しを使って手探りで進んでいます。

　ただし、その暫定的な物差しが、たくさんの研究者に採用されてポピュラーになり、何の説明もなく多くの本や論文にいきなり登場するようになってくると、いつのまにか暫定性が忘れられてしまい、確実で厳密な物差しとして、すっかり確立されているように思えてしまうことはよくあることです。このような錯覚は、特定の言語理論に精通したいと思っている研究者にはひょっとしたらある時期必要なことかもしれませんが、言語に興味を持ち始めた初学者にとっては極めて危険なことですから注意してください。

　多くの入門書では、「主語」「述語」「疑問文」といった物差しが採用されています。例えばそのうちの1冊に、次のようなことが書いてあったとします。

言語はどれくらいさかのぼれるのか？

> 「彼は学生である」のような日本語の「～である」文は、主語と述語を入れ換えてもまともな疑問文にはならない。「である彼は学生？」のように変になるだけである。しかし、これに対応する英語のbe動詞の文（例えば"He is a student."）は、主語と述語を入れ換えると"Is he a student ?"のようにまともな疑問文になる。

　こういう文章を読むと、あなたはなにやら、もうすっかり納得してしまうかもしれません。あなたの心の片隅では、「でも主語とか述語とかって、何？　どうやって決まるの？」「日本語の疑問文と英語の疑問文って、本当に同じようなものなの？」といった声が上がっているのですが、あなたはそういう声

を圧殺して、とにかく主語とか述語とかいうものがあるのだ、覚えようと思ってしまうかもしれません。だとしたら、たいへん残念な話です。

あなたは「言語って、なんか面白そう！」と思って、つまり言語について感じたり考えたりすることに曲がりなりにも興味を覚えて、その入門書を手に取ったはずです。もしも、上の短い文章を目にしただけで、あなたの意気がくじかれ情熱がそがれ、思考が停止し、言語学を半ば暗記の学問ととらえてしまうようになるとしたら、その入門書の読み方は間違っています。暫定性が見えなくなった物差しが、特に初学者にとって危険だというのはこのことです。

あなたが目にした入門書で、「主語」「述語」「疑問文」といった物差しが当然のように採用されているからといって、あなたがそれらの物差しを、確実で厳密な、つまり絶対的に正しい（だから自分も急いで覚えて信じなければならない）ものだと思い込む必要はありません。書かれている内容を勉強することはもちろん大切ですが、入門書が前提にしている物差しが絶対的なものではなく、あくまで暫定的な物差しであることも忘れず、あなたの心にせっかく生まれた純粋な疑問を大切にしていってほしいと思います。

ちなみに「主語」については、文法構造においてこれこれこのようなものだといわれたり（生成言語学）、話し手が注意を向け、表現の中心に置くものだといわれたり（認知言語学）、さまざまな考えがあり、いまだ決着はついていません。日本語は主語という物差しでは測れないという立場（例えば、三上章氏）も有名です。個々の研究者はこうした主語論争（物差しの検討）を意識しつつ、さまざまな言語現象を調べていく上で必要があれば便宜的に「主語」という概念を用い（物差しを使って測定し）、そしてその成果は「主語」論争に還元され、「主語」という物差しの改良（あるいは廃止）に利用されるというわけです。「主語」という物差しはこのような暫定性を持っています。「述語」や「疑問文」についても同じことが言えます。

個別言語同士を比べる対照言語学の成果が積み重なって一般化されれば、言語タイプを扱う類型論（タイポロジー）になります。対照言語学では例えば現代日本語と現代英語を比べますが、類型論では例えばＳＯＶ言語とＳＶＯ言語が比べられます。Ｓは前述べた主語ですが、Ｏ（目的語）もＶ（動詞）も、Ｓと同じぐらいポピュラーな物差しです。既に第3章でお話ししたこと

ですが、ＳＯＶ言語というのは、一般に主語－目的語－動詞という順番で文を表現する言語のことです。そしてＳＶＯ言語というのは、一般に主語－動詞－目的語という順番で文を表現する言語です。多数説によれば、日本語は、例えば文「一郎が二郎を殴った」で主語の「一郎」、目的語の「二郎」、動詞の「殴った」がこの順で並んでいるように、ＳＯＶ言語に属します。同じく多数説によれば、英語は、例えば"Ichiro hit Jiro"で主語の"Ichiro"、動詞の"hit"、目的語の"Jiro"がこの順で並んでいるように、ＳＶＯ言語に属します。Ｓを考察対象から外して、ＯとＶだけが論じられることもよくあります。その場合、日本語はＯＶ言語で、英語はＶＯ言語です。

　先にお話ししたことと同じですが、個別言語だけを観察していたのでは思ってもみなかったようなことが、類型論ではじめて見えてくることがあります。例えば、現代日本語の助詞「が」「を」「に」「で」などは名詞句の後に置きます。また、現代英語の"at"や"in"、"on"、"to"その他の助詞は、"at the door"のように名詞句"the door"の前に置きます（だから前置詞と呼びます）。名詞句の後ろに置く助詞（後置詞）が現代英語にないわけではありませんが（例えば"twenty years ago"の"ago"など）、ごく少数です。

　現代日本語だけを見ていても「現代日本語の助詞は名詞句の後に置く」ということは分かりますし、現代英語だけを見ていても「現代英語の助詞は名詞句の前に置く(のが原則)」ということは分かります。さらに現代日本語と現代英語を比べれば、「現代日本語と現代英語は助詞の位置が名詞句の前と後ろで違う」ということまでは分かります。しかし、さらに数多くの個別言語を観察した後でなければ、「ＯＶ言語には後置詞が生まれやすく、ＶＯ言語には前置詞が生まれやすい」ということは分かりません。

　現代日本語では名詞を修飾する場合、「白い山」のように形容詞－名詞と並べ、この点では現代英語も同じですが（"white mountain"）、いろいろな言語を見ていくと、多くのＶＯ言語は例えばフランス語"mont blanc"（山 白い）のように、名詞－形容詞と並べることが分かります。ＯＶ言語の日本語は「ゆっくり歩く」のように副詞－動詞の順番になりますが、ＶＯ言語は"walk slowly"のように動詞－副詞の順番になります。つまり大まかな傾向を言えば、ＯＶ言語とＶＯ言語は、ＯとＶの順番だけではなくて、ほかにもいろいろな語順が逆になっています。ちょうど鏡を置いたように逆転するという意味で、**鏡像関係**ということがあります。ついでに言うと、個別言語を

言語はどれぐらいさかのぼれるのか？

中心にした言語学を「**個別言語学**」、個別言語を通して言語一般を考える言語学を「**一般言語学**」ということがあります。

　このように類型論は新たな知識をもたらしてくれる有意義な分野ですが、先にもお話ししたように、あまり精度の高くない物差しでもそれなりに成果が出て定着してしまうと、今度はそれが逆に個別言語を研究する際に足かせになりかねないので注意が必要です。

第6節　言語はなぜ変化するのか？

応用問題

問題1　言語はなぜ変化するのか、考えなさい。

解説　言語はなぜ変化するのでしょうか？　この問題に限らず、一般に「なぜ〜なのか？」という問題に答えるには、視野の拡大が必要です。このことを、絵のたとえを使って説明してみましょう。

　例えば「この絵のこの部分は、なぜ赤いのか？」という問いには、その絵を見ているだけではまず答えられません。この問いに答えるには、視野を広げて、絵だけでなくほかのものを視野に含めなければなりません。視野の広げ方には、少なくとも4通りのやり方があります。

　第1に、歴史、つまり過去のいきさつを視野に含めるというやり方があります。例えば「実は今から10分前に、子供がトマトケチャップを絵のその部分になすり付けたのだ。だからその絵のその部分は赤いのだ」といった答えは、このやり方を用いた答えです。このように、物事の原因を過去のいきさつに求め、そこから物事を説明しようとする立場を、仮に「歴史主義」と呼ぶことにします。

　第2に、コミュニケーションを視野に含めるというやり方があります。例えば「その絵の描き手はその部分を赤色で目立たせることによって、鑑賞者の注意を絵に引きつけようと思ったのだ。だからその絵のその部分は赤いのだ」といった答えは、このやり方を用いた答えです。つまり、絵というものを（描き手から鑑賞者への）コミュニケーションの道具と考え、コミュニケーションを成功させるという目的のために絵の各部が果たす機能を考えることによって、問題の赤色を説明するというやり方です。このような説明をとる立場を、第2章でもお話ししたように「機能主義」と呼ぶことにします。

　第3に、人間の経験を視野に含めるというやり方があります。例えば「その絵のその部分は、情熱を表しているところである。情熱とは一種の精神的エネルギーだが、精神的エネルギーというものは抽象的で分かりにくいので、人間はこれを、もっと具体的で分かりやすい、血液という身体的エネルギーに例えることが多い。精神的な興奮状態が『頭に血がのぼる』『血潮がたぎる』などと、血液の動きとして表現されるのも、同じことであ

る。血液は赤いので、絵のこの部分も赤く塗られたのである」といった説明を考えてみてください。この説明は、絵の描き手の心を視野に含めている点では上の機能主義と似ていますが、「鑑賞者の注意を引きつけよう」といった描き手の動機に特に注目していない点では、機能主義と違っています。むしろこの説明は、人間が日々生活し、さまざまな経験を積んでいく中で、何を分かりやすく感じ、何を分かりにくく感じるかといったことに注目しています。このような説明をとる立場を、「経験主義」と呼ぶことにします。

第4に、人間の遺伝子を視野に含めるというやり方があります。今出している絵のたとえだと、ちょっと妙な説明になってしまいますが、あえていうと、「そもそも人間は、絵の一部を赤く塗るように遺伝子レベルでプログラムされているのだ」という説明です。クモが幾何学的な巣を作るよう生まれついているのと同様、人間が絵の一部を赤く塗るのも、生まれながらにして（つまり生得的に）、遺伝子レベルで決まっているという説明です。このような説明をとる立場を、チョムスキーの生成言語学にちなんで「生成主義」と呼ぶことにします。生成主義を開発したのはもちろんチョムスキーです。チョムスキーの生成言語学は人間という生物の能力を研究するものなので、究極的には生物学に属するものです。

以上の4つの主義はお互いを排除するものでは必ずしもなく、ミックスも可能です。例えば、外国人名について考えてみましょう。

私たち日本語話者は外国人のことを名前で呼ぶ時、「アーノルド・シュワルツネッガー」「ルネ・デカルト」「ノーム・チョムスキー」のようにフルネームで呼ぶか、後半の家族名で「シュワルツネッガー」「デカルト」「チョムスキー」などと呼ぶのが普通です。もっとも、愛称としてなら話は別で、例えばマイケル・ジャクソンに「ハーイ、マイケル！」なんて前半の個人名で呼びかけることができますが、今はこういう愛称のことは除くことにします。

ところが、なぜかガリレオ・ガリレイは、愛称でもないのに「ガリレイ」ではなく「ガリレオ」と呼びますよね。なぜでしょうか？

この問題はなかなか難しい問題ですが、仮にこの問題に対して、「ガリレオ・ガリレイは兄が既に音楽の世界で有名で『ガリレイ』と呼ばれていたため、兄と混同されないように分かりやすく『ガリレオ』と呼ばれるようになったのだ」と答えるとすれば、歴史主義（過去のいきさつを語る）と機能主義（聞き手にとっての分かりやすさを語る）を組み合わせていることになります。

ちなみに、ナポレオン・ボナパルドを「ナポレオン」、シラノ・ド・ベルジュラックを「シラノ」と呼ぶように、類例はまだあります。ジャズ雑誌などでは、チャーリー・パーカーを「パーカー」、ジョン・コルトレーンを「コルトレーン」と呼ぶ一方で、マイルス・デイヴィスは「マイルス」、レ

スター・ヤングは「レスター」と呼んでいるようです。

では、言語はなぜ変化するのでしょうか？　この問いに対する完全な答えを言語学はまだ出していませんが、部分的な答えは出ています。それらについてお話ししましょう。

【生成主義による答え】

これまで見てきたように、言語学では「なぜ？」という問いに対して、歴史主義・機能主義・経験主義・生成主義という少なくとも4通りの答え方があり得るわけです。このことからすれば、「言語はなぜ変化するのか？」という問いに対しても、少なくとも4通りの答え方があるとあなたは予想するかもしれません。しかし、この問いに対しては、生成主義による答えというものは実は考えにくいのです。

生成主義という立場は、「人間という種がなぜ言語を持てるように生まれついているのか？」という生物学的なレベルで問題をとらえようとする立場です。現代日本語であれ、古チュルク語であれ何語であれ、赤ん坊が言語音を聞いて育てばその言語をしゃべれるようになる以上、それらの言語は人間という生物にとって極めてマスターしやすい性質を共有しているはずだ、その性質を突き止めようというのが生成主義なので、生成主義に立てば、言語同士の違いよりも、言語同士の共通性の方が重視される傾向があります。ある言語の昔の姿と、今の姿というような違い（これも言語同士の違いと言えます）に、生成主義の立場からは言及できないというわけではありませんが、生成主義は言語変化自体を本来の説明対象とはしていないということです。

【経験主義による答え】

経験主義も、言語変化をそれほど積極的に説明しようとはしていません。つまり、言語がなぜ、どのように変化するのかは予測しきれないとされています。けれども人間にとって、どういう言語変化が自然であり、どういう変化が不自然であるかは明らかにできると考えられています。人間にとって自然な言語変化は、例えば文法化という概念でとらえられています。

文法化については、既に第2章でお話ししましたが、もともと語彙的意味を表していた言語記号が、時間が経つにつれて文法的意味を（も）表すよう

になるという意味変化です。現実には、「語彙的意味→文法的意味」という意味変化も、「文法的意味→語彙的意味」という意味変化もあるわけですが、前者の意味変化の方が傾向として多い。それはなぜかというと、前者の意味変化は人間にとって自然であり、後者の意味変化は人間にとって不自然だからだ、といった形で説明されます。

【機能主義による答え】

「言語はなぜ変化するのか？」という問いに対する機能主義的な答えは、実は既にいろいろと紹介しています。覚えていますか？

例えば第2章では、同音衝突の例として、木になるなし（梨）を「木なし」、畑になるなし（茄子）を「はたなし」と呼ぶようになった方言を紹介しましたが、この変化を「話し手は、聞き手にとっての分かりやすさを考慮して『木なし』『はたなし』と呼び分けるようになったのだ」と説明するのは、まさに機能主義的な説明です。「パンツ」の意味が広がって「ズボン」と重なり、「ズボン」がすたれ始めているらしいということも、やはり機能主義的な説明と一緒に紹介しましたよね。

そのほかにも、話者や場合によっては「場合」が「ばわい」と発音されたり、「味わわせる」が「味あわせる」と省エネで発音されたりするということも、第2章では機能主義的な説明と合わせて取り上げましたが、これらは新しい言語変化の始まりと言えるかもしれません。

さらに第3章では、「見れる」「寝れる」などの「ら抜き言葉」がなぜ広まってきたかを説明するのに、若い世代による単純化という形で説明しました。この説明は、認知主義と機能主義のミックスといってよいでしょう。人間にとって何が分かりやすく、何が分かりにくいかを考える点で認知主義的、言語記号のシステム全体の中での「(r)e」と「られ」の位置を考える点で機能主義的というわけです。

もっとも、機能主義的な説明が何でも説明してくれるわけではないということも、第2章で述べていますので、これも思い出しておいてください。

機能主義による解答例を、もう1つだけ追加しておきます。例えば、首のところが細くなったセーターは昔は「とっくり」と呼ばれていました。首のすぼまりを酒瓶のとっくりに見立てたものかもしれませんが、若者やファッ

ション関係者を中心に「とっくり」はすたれ、「タートルネック」に変えられつつあります。なぜ「とっくり」はすたれ、「タートルネック」に置き換えられつつあるのでしょうか？　機能主義的な立場では、「昔ながらの『とっくり』では聞き手に与えるイメージが古くさいので、イメージを刷新したいという話し手側の意図が働いたのだ」という形での説明が可能です。「ジャンパー」が「ブルゾン」に置き換えられつつあることも、やはり同様の説明ができるでしょう。このように、言語変化を機能主義的な立場から説明しようとする場合、イメージの刷新という話し手の意図が重視されることがあります。

【歴史主義による答え】

　歴史主義の立場からは、言語変化には、まず、社会状況の変化という原因が考えられます。10年前の日本語には「たまごっち」や「ポケモン」といった語彙はありませんでしたが、今ではあります。なぜこのような語彙（**新語**）が生じたのでしょう？　それは「たまごっち」や「ポケモン」と名付けられたものがこの10年のうちに日本語社会に広まったからだ、というのが歴史主義による答えです。同様に、「活動写真」や「弁士」といった語彙が今では、ほとんど使われない**古語**、もしくは全く使われない**廃語**になっているのは、歴史主義からすれば、サイレントムービーが今では絶滅に近い状態だからだと説明されます。

　他言語の影響という原因も、歴史主義的な見方が濃いものでしょう。2つの言語が接触し、一方が他方から影響を受ける場合を見てみましょう。例えば**借用**です。

【借用と語種】

　借用とは、ある言語社会が別の言語社会から**語彙**などを取り入れることを指します。語彙とは語の集合のことで、よく使われる語の集合を「基本語彙」、それだけで日常生活をひととおりカバーできるよう研究者が選定した語の集合を「基礎語彙」などと呼んで区別します。「よく使われる」かどうかを測る目安に、**異なり語数**と**延べ語数**があります。例えば「イクラ、ウニ、トロ、ウニ」の場合、異なり語数は「イクラ」「ウニ」「トロ」の3語、延べ語数は「イクラ」「ウニ」「トロ」「ウニ」の4語です。

　借用の話に戻りますが、語彙を借りたら借りっぱなしでいいところが、日

常用語の「借用」とは違います。日本語は中国語から大量の語彙を借用しており、それらの語彙（例えば「横逆」）は**漢語**と呼ばれます。また日本語は、中国語以外の言語からも多くの語彙（例えば「コンピューター」）を借用しており、それらは**外来語**と呼ばれます。漢語を含めて外来語と呼ぶこともありますが、普通は外来語に漢語は含まれません。また、昔から日本語にあった語彙は**和語**と呼ばれます。歴史主義に基づけば、日本語の語彙の種類（これを**語種**といいます）は、漢語・外来語・和語の3つということになります。「テストする」（外来語＋和語）、「ガラス管」（外来語＋漢語）、「単なる」（漢語＋和語）など、複数の語種から構成される語を**混種語**といいます。

　ある語を**借用語**（漢語や外来語）というためには、その語がいつの時代のどの言語から借用されたのか、明らかにされていなければなりません。歴史的研究が進み、より古い時代まで、より正確にさかのぼれるようになると、これまで和語だと思われてきた語が、実は借用語であったと判明することもあります。理論上は、すべての和語が、実は漢語や外来語であるという可能性を持っていることになります。

　日本語の語種は普通、上の3つに**オノマトペ**（「ワンワン」「のっそり」「はらはら」などの**擬音語・擬態語・擬情語**）を加えて、4つといわれます。オノマトペが語種の1つとして認められるのは、話し手にとってオノマトペは独特のものという認知主義的な見方のせいでしょう。このように、語彙を論じる場合（こういう分野を特に「語彙論」と呼ぶことがあります）に、歴史主義と認知主義をミックスして語彙が論じられることは、けっこうあります。

　例えば、中国語から借用された漢語だけでなく、それにならって日本で作られた語（例えば「横柄」）も含めて、漢語と呼ばれることがあります。日本で作られても漢語というのは、厳密な歴史主義には合わない話ですが、「どこで作られようと、現代の話し手にとって漢語らしければ同じだ」という認知主義的な考えには合っています。同じことですが、外国語から借用された外来語にならって日本で作られた語（例えば「ナイター」）も外来語と呼ばれることがあります。

【波動説】
　借用は、ある言語圏の人間が、別の言語圏の語彙を取り入れるという形で起こります。政治経済や文化の中心地の語彙が、辺境に（弱まりながらも）

広まっていくのは、その典型です。**シュミット**はこれを、水面に石を投げた場合に広がる波紋に例えています。先の言語系統図のところで紹介したシュライヒャーは、1つの祖語から枝分かれする形で言語が生まれると考えていましたが、弟子のシュミットはこの批判として波動説を出しました。波動説によれば、複数の方言同士の波紋が重なり合い、その強弱の差によってさまざまな言語が生まれることになります（図3）。

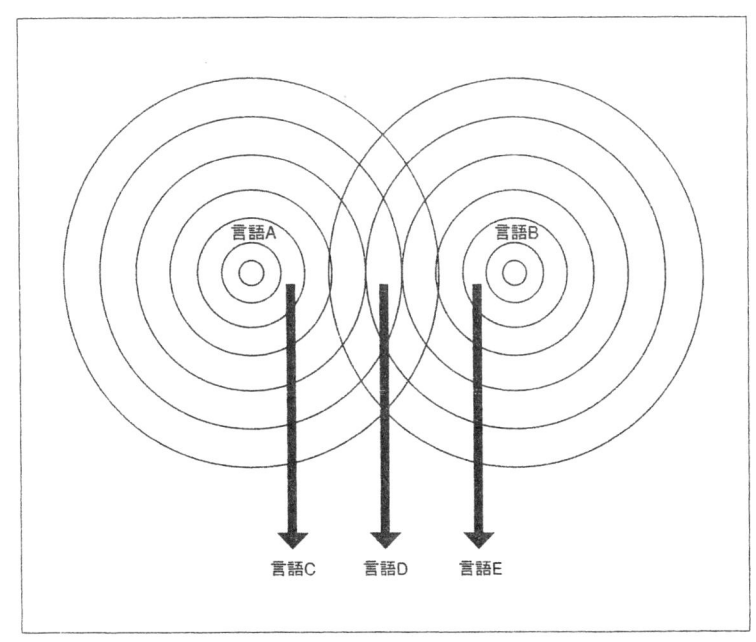

図3

　中心地の語彙が辺境に到達するには時間がかかるため、辺境に語彙がやって来て定着した時点で、既に中心地にはさらに新しい語彙が生まれていることもあります。「辺境に古い言葉が残る」という観察は、日本でも、少なくとも**本居宣長**にまでさかのぼって見ることができます。単純に言えば、中心地から遠い辺境ほど、古い言葉が残っていることになります。柳田国男も『蝸牛考』の中で、蝸牛、つまりカタツムリが地方によって呼び名が違うことを取り上げ、以上の考えを具体的に示しました。

【言語連合】

　2つの言語圏が接触すれば、いつも一方が他方から影響を受けるばかりとは限りません。双方が影響し合って、お互いがよく似た性質を持つようになることもあります。系統的には異なる言語群が、地理的に隣接していたために、似た性質を持つようになった場合、それらの言語群を**言語連合（シュプラハブンド）**と呼びます。特に有名なのはバルカン半島の言語連合（バルカン・シュプラハブンド）で、アルバニア語、ギリシャ語、ルーマニア語、ブルガリア語、マケドニア語、セルビア・クロアチア語などが互いに影響し合い、似た性質を持つようになっています。

【ピジン言語・クリオール】

　2つの言語が接触して混じり合った結果、新しい言語（**混合言語・混成言語**）を生むこともあります。例えば言語Aの人間と言語Bの人間が商用で何度も長期間交渉するうち、両方の言語の性格を併せ持つ第3の言語Cが生まれることがあります。これを**ピジン言語**と呼びます。ピジン言語は用途が限られており（商売のことさえ表現できればよいわけです）、すべての物事を表現するものではないので、一般の言語（言語Aや言語B）より語彙が少なく、単純です。ただし、そのピジン言語を生まれた時から聞いて育ち、ピジン言語をしゃべる人間（つまりピジン言語のネイティヴ・スピーカー）が生まれれば、その人間はすべての物事をピジン言語で表現するわけですから、必然的にピジン言語は複雑になります（これを**クリオール**と呼びます）。話がここまでくると、歴史主義というよりも社会主義といった方がよいかもしれません。話し手や聞き手の住む社会を特に注意しながら言語を研究する分野を**社会言語学**と呼びます。

　以上で見てきた歴史主義も、万能というわけではありません。「社会の移り変わりとともに言語も移り変わる」という図式は、確かに分かりやすい図式ですが、この図式がいつも正しいわけではないのです。そのことを述べている文章を、2つだけ見ておきましょう。

応用問題

問題2 次の文章は、ちょっと難しい入門書から採ったものです。よく読んで、どんなことが述べられているのか、考えなさい。

　ことばはひとつの社会制度であるが、特殊な型のもので、固有の進化の条件、固有の惰性をもっている。相続した諸要素の役割はどんな言語状態においても重要である。ある言語を用いる社会に完全な変革が起こっても、その言語の構造にかならずしも変化をひき起こさない。たとえば、ロシア社会は二十世紀にくつがえったが、ロシア語はむかしながらの構造を保持した。

[ジャン・ペロ『言語学』p.129.（白水社）より]

解説　いかがですか？　前半は難しかったかもしれませんが、言語は独自のメカニズムによって変化するものであって、必ずしも社会とともに移り変わらないということが書かれています。この本は入門書としてはかなり高度な部類に入ると思いますので、気にする必要はありません。後半は具体的なので、よく分かったと思います。

問題3 次の文章は、大学院入試の問題集から採ったものです。よく読んで、どんなことが書いてあるのか、考えなさい。

　しかしながら、言語変化のすべてが社会的要因によるわけではないことも確かである。事実、ラテン語からロマンス諸語への、言語の類型を変えてしまうような大きな変化は、ローマ帝国の崩壊やゲルマン民族の移動のような社会的変化によってのみ説明されることはできない。

[町田健・籾山洋介・滝浦真人・堀川智也『言語学大問題集163』pp.232-233.（大修館書店）より]

解説　この問題集は優れているので、参考書として持っておかれるのもよいでしょう。もちろん、初心者には難しいところもありますが、上に挙げた文章は、もはやあなたには、そう難しくないと思います。前の問題の文章とほぼ同じことが書いてあるわけです。

言語はなぜ変化するのか？

要点整理

1. 言語は、それを作り出す人間の心と深く結び付いている。人間の心には心理的な面と社会的な面がある。他者とのコミュニケーションでは、これら2つの面が入り交じる。さらに、心的な面は生得的で遺伝的な面と、より日常経験に密着した面がある。生成言語学は遺伝的な面に注目し、認知言語学は日常経験の面に注目する。社会言語学は社会的な面に注目する。機能言語学はコミュニケーションなどに注目する。これら4つの言語学は、必ずしも互いを排除するものではない。

2. 言語同士を比べるのに最適な物差しは、まだ開発されていない。たくさんの物差しに慣れつつ、それら物差しを突き放してみる気持ちを忘れないでいることが大切である。

今後読むべき本

　この本の次にあなたが読むべき本が、決まっているわけではありません。あなた自身が書店でいろいろな本を実際に手に取ってみられるのが一番だと思います。が、特に最近はたくさんの入門書・参考書などが出ているので、あなたがそれら全部に目を通すことは難しいかもしれません。そこで、比較的読みやすいと思われるものをごく一部だけ、簡単に紹介しておきます。「紹介されている理論が現在では多少古い」「日本語中心というより英語中心になっている」「この本の内容だけではまだ全然理解できない」と思われるものは、大変優れたものであっても挙げていません。

◎上山あゆみ『はじめての人の言語学』（くろしお出版）
　ひょっとしたらこの本より易しいかもしれませんが、有益です。
◎アルク地球人ムック『日本語教育能力検定試験　合格するための本』（アルク）
　検定試験対策に、問題の数をこなしたい場合に便利だと思います。
◎町田健『言語学が好きになる本』（研究社出版）
　大変易しい語り口ですが、内容は高度です。
◎月刊雑誌『言語』（大修館書店）
　特にチャレンジコーナーは言語について考える上で大変よい材料になるでしょう。
◎西田龍雄『言語学を学ぶ人のために』（世界思想社）
　本格的に言語学を学びたい場合、副読本として少しずつ読み進めるとよいでしょう。

語彙索引

※→は参照項目を指します。

【あ行】

アイコニック　85
アイコン　87
アクセント　97
アスペクト（相）　121
アナフォリックな用法→照応用法　57
アニマシー　14
アメリカ構造主義言語学　104, 168
イーミック　78
異音　83
イ音便　150
異化　134
異形態　161
イ形容詞　144
一元説　180
一段動詞　160
逸脱文　123
一般言語学　186
イヌイット語の雪　82
意味　80
意味機能　136
意味的な主要部　145
意味論　90
因果の連鎖　32
インタラクション（相互作用）　108
イントネーション　97
韻律　97
ウェルニッケ領　172
ヴェルネルの法則　181
ヴォイス　19, 22
受け身　24
エヴィデンシャリティー→証拠性　68
ＳＯＶ言語　146
ＳＶＯ言語　146
エティック　78

エンパシー　19, 22
ＯＶ言語　146
オノマトペ　192
親言語　176
音韻論　90
音声　79
音声学　90
音節（シラブル）　100
音素　79
音素分析　85
音素論　90

【か行】

開音節　102
開音節言語　102
外来語　192
拡大標準理論　168
数　121
活用　148
可能　151
カ変・サ変　151
含意の法則　84
漢語　192
擬音語　192
記号　75, 79
擬情語　192
擬態語　192
機能　128
機能語　137
機能主義　114, 132
基本語順　146
基本色彩語　83
共感度　22
共時　181
共時言語学　181

共時的	124	語彙的意味	122
強変化動詞	160	語彙的使役表現	37
許可	40	語彙的受動表現	29
句	89, 143	合成語	89
屈折語	147	構成的	110
屈折接辞	161	合成的な言語記号	87
クモザル	164	交替形	153
グラスマンの法則	181	膠着語	147
クリオール	194	行動心理学	168
グリムの法則	180	構文	96
経験主義	167	合理主義	167
形式	80, 81	語幹	152, 161
形式化	132	古語	191
形式主義	132	語種	192
形態素	88	語順	146
形態論	90	語族	182
形容詞	65	個体空間	20
形容詞句	143	五段動詞	160
形容詞節	143	異なり語数	191
形容動詞	144	個別言語学	185
形容名詞	144	個別文法	174
結束性	91	コミュニケーション	108
言語運用	127	語用能力	126
言語獲得装置	174	語用論	90
言語活動→ランガージュ	87	語用論的機能	137
言語起源論	175	孤立語	147
言語記号	81	混合言語	194
言語記号使用(パロール)	87	コンジュゲーション	148
言語記号の体系(ラング)	87	混種語	192
言語形式	81	混成言語	194
言語系統	182	コンピタンス	127
言語系統図	176		
言語能力	126	【さ行】	
言語連合(シュプラハブンド)	194	再建	181
謙譲語	47	再構	181
原理とパラメータのアプローチ	168	最小対→ミニマルペア	84
語	87	作成動詞	26
語彙	191	サピア	104

恣意的　85
シーニュ　86
子音語幹動詞　160
使役ヴォイス（使役態）　24
使役態→使役ヴォイス　24
使役主　36
刺激　168
示差的特徴　104
指示詞　54
システム　107
時制→テンス　121
字素　79
字体　79
失業者　30
視点　22
自動詞　28
シニフィアン　80
シニフィエ　80
自発　152
ジフの法則　150
社会言語学　194
社会方言　176
弱変化動詞　160
借用　191
借用語　192
自由　161
修正拡大標準理論　168
自由変異　85
受動ヴォイス（受動態）　24
受動態→受動ヴォイス　24
シュプラハブンド→言語連合　194
シュミット　193
主要部　145
主要部後置言語　145
主要部前置言語　145
シュライヒャー　176
照応用法（アナフォリックな用法）
　57

象形文字　86
証拠性（エヴィデンシャリティー）
　68
情報伝達　114
情報の縄張り理論　61
ジョーンズ卿　180
所記　80
初期理論　168
所有関係　33
所有受動文　33
シラブル（音節）　100
新語　191
身体サイズ　46
シンタグマティック（統合的・連辞的）
　110
シンボル　86
図　23
スキーマ　76
スキーマティックな（枠組み的な）言語
　記号　94
スクリプト　77
素性の束　104
ストレス　98
ストレスアクセント　98
性　121
生産的使役表現　36
生産的受動表現　29
生成意味論　169
生成言語学　168
声調言語　101
成分分析　105
節　89,143
接辞　89,143
接中辞　89,161
接頭辞　89,161
接尾辞　89,161
前景　23
選択制限の違反　92

相→アスペクト　121
相互作用→インタラクション　108
相補分布　153
促音　150
束縛的　161
祖語　176
ソシュール　79
尊敬　152

【た行】
態　22
ダイクシス　19, 55
体系　75
対照言語学　181
対立　113
多元説　180
脱落　134
縦の恣意性　115
他動詞　28
他動性　28
単語　88
単純語　88
談話　89
談話文法　90
地　23
地域方言　176
直示性　55
直示表現　55
直示用法　54
チョムスキー　123
通時言語学　181
通時的　124
丁寧さ　48
デカルト　167
適格文　123
デクレンション　147, 148
添加　134
典型（プロトタイプ）　78

テンス（時制）　121
同音衝突　114
同化　134
統合的・連辞的→シンタグマティック
　110
統語論　90
動詞　65
動詞句　143
動詞節　143
動詞の自他　28
統率と束縛の理論　168
動物言語　165
動物言語学　165
トーン　97
トーン言語　101

【な行】
内容語　137
ナ形容詞　144
縄張り　58
二使役文　37
人称制限　63, 65
認知科学　168
認知言語学　26, 86
認知心理学　168
認知枠　77
能記　80
能動ヴォイス（能動態）　24
能動態→能動ヴォイス　24
延べ語数　191

【は行】
背景　23
廃語　191
拍→モーラ　100
派生語　89
派生接辞　161
撥音　149

撥音便　149
発話現場　54
パフォーマンス　127
バラエティー→変異可能性　82
パラディグマティック（範列的・連合的）　110
バルカン・シュプラハブンド　194
パロール→言語記号使用　87
反証可能性　169
反応　168
範列的・連合的→パラディグマティック　110
被害感　33
被害受動文　34
比較言語学　180
被使役者　36
ピジン言語　194
ピッチ　98
ピッチアクセント　98
否定的価値　113
標準理論　168
ビリヤードボールモデル　26
品詞　121
ＶＯ言語　146
プール　156
プールカテゴリ　154
複合語　89
複数　121
普遍性　82
普遍文法　174
ブラケティング・パラドクス　105
ブルームフィールド　104
フレーム　77
ブロカ領　172
プロソディ　97
プロトタイプ→典型　78, 157
プロトタイプカテゴリ　154
プロミネンス　110

文　87
分節　88
文節　89
文法化　124
文法カテゴリ　65
文法関係　121
文法機能　136
文法的　117
文法的意味　122, 137
文法的な主要部　145
文法的文　123
文法能力　126
文脈指示用法　56
閉音節　102
閉音節言語　102
ベルベットザル　164
変異可能性（バラエティー）　82
弁別的素性　104
母音語幹動詞　160
法→ムード　121
妨害の失敗　40
方言　176
放任　40
補充形　161
ポライトネス　48

【ま行】
まともの受動文　34
マルチネ　103
ミスマッチ　105
ミツバチ　165
ミニマリストアプローチ　168
ミニマルペア（最小対）　84
ムード　64
ムード（法）　121
無契的　85
無標　29
名詞句　143

名詞節　143
迷惑受動文　34
モーラ（拍）　100
目的語　121
文字　79
文字素　79
持ち主の受動文　33
本居宣長　193

【や行】
ヤーコブソン　84
野生児　174
柳田国男　193
有契的　85
有標　28
養育放棄　174
横の恣意性　115

【ら行】
ら抜き言葉　151
ラネカー　170
ランガージュ（言語活動）　87
ラング→言語記号の体系　87
臨界期　174
類像的　85
ルービンの杯　23
レイコフ　170
歴史言語学　180
レネバーグ　174
連濁　91
ロック　167

【わ行】
枠組み的な言語記号→スキーマティック
　な言語記号　94
和語　192
ヲ使役文　37